点亮艺术之眼

——伟大的博物馆

维也纳艺术史博物馆
Vienna Kunsthistorisches Museum

〔意大利〕西尔维娅·波尔盖斯 编著

许丹丹 译

安徽美术出版社
全国百佳图书出版单位

目 录

走近伟大的博物馆

19 世纪初，拿破仑扩张欧洲版图的脚步愈走愈快，整个奥地利笼罩在一片恐惧中，而维也纳艺术史博物馆正是在这个时候应运而生。哈布斯堡家族对大量艺术藏品的命运，尤其是对神圣罗马帝国和金羊毛骑士团数不胜数的宝藏担心不已。这些宝藏当年分散在因斯布鲁克附近的阿姆布拉斯宫、纽伦堡和亚琛，为数众多的宝藏需要集中搬至维也纳。矗立在维也纳旧城区的美景宫正是它们在纷乱的战乱环境下最好的去处，那里同样收藏着众多艺术品。

这些藏品在经历了拿破仑时期各种动荡后幸存了下来，直到 20 世纪初的维也纳会议期间才得以与公众见面。当时，所有藏品均对市民和外国代表团开放，在欧洲引起了强烈反响。正是在这个背景下，为这些藏品专门修建一座博物馆的想法开始酝酿发酵，但要付诸实施还需要几十年之久，同时，一个富有超强决断力和行动力的皇帝更是实现这一梦想的关键。

历史将这个重任托付给了弗朗茨·约瑟夫一世，他于 1848 年登上了奥地利皇帝的宝座，从那时起，就开始着手制订家族私藏艺术品的搬迁议程。19 世纪中叶的奥地利正经历着前所未有的市容大改造：古老的城墙被推翻，围绕着戒指路（环城大道）的整个城区改头换面。正是在这条环城大道上，一座座维也纳最重要且最具标志性的建筑拔地而起——市政厅、皇家歌剧院以及议会大厦。除此之外，哈布斯堡家族在其宏伟的皇宫霍夫堡前预备开辟一片空地作为皇家广场，根据设计规划，两侧齐整壮观的建筑相向而立，一侧是自然史博物馆，另一侧则专门用来摆放哈布斯堡家族的私人艺术藏品（艺术史博物馆）。维也纳建筑师卡尔·冯·哈森内尔和德国著名建筑师戈特弗里德·森佩尔接受了这份光荣的使命，令人羡慕的是，他们并不需要顾忌经费问题。在这样宽松的环境下，博物馆的建设进程超乎寻常地顺利（1871—1880），建筑装潢亦堪称一流、极尽奢华，珍贵的大理石铺满了整个博物馆，壮观的壁画和镶嵌画装饰更是令人咋舌。作为一座极具权威的艺术史博物馆，该馆每一个独立展厅均根据所展出的主题进行设计。由此，我们可以在古罗马展厅欣赏到古罗马晚期的建筑遗风，在古埃及展厅内感受到别样的北非风情。一进入博物馆大厅，我们便会被一幅幅流光溢彩、极富寓意的画作所感染：一侧是尤里乌斯·贝格尔的《哈布斯堡家族艺术赞助人群像》，另一侧是匈牙利人穆恩卡西的《文艺复兴的神话》，弦月窗上充满风情的壁画是奥地利艺术家马卡尔特所画。也许这些画家在当今鲜有人知，但在 19 世纪末的维也纳，他们个个都是屈指可数的名家。为了完成博物馆天顶上的所有壁画，这些大师通常会叫上自己的学徒来帮忙，而极负盛名的克里姆特当时正是这个群体中的一员。到 1880 年，艺术史博物馆正式竣工。在对美景宫的大批藏品进行搬运前，哈布斯堡家族特地请来一位水彩画家，对这些藏品做了完整的记录和临摹。

1891 年，弗朗茨·约瑟夫一世为艺术史博物馆的落成举行了隆重的开幕仪式。在他看来，这座博物馆是展现哈布斯堡家族豪门风光的见证，也寓意不朽的皇室生命力。然而众所周知，之后的历史并未让这个显赫一时的皇族如愿，短短的 25 年间，哈布斯堡王朝彻底覆灭，这些数量庞大的珍藏被新的统治者无条件征收。值得庆幸的是，在之后的第一次和第二次世界大战中，这些艺术品毫发未损。到 1939 年，所有的藏品被移至小城阿尔陶塞的地下仓库中并得以完好保存。与之形成巨大反差的是，在纷飞的战火中，艺术史博物馆的建筑损毁惨重，在相当长的一段时间里都处于闭馆修复的状态。1958 年，维也纳艺术史博物馆终于重新向社会开放。

马可·卡尔米纳蒂

维也纳艺术史博物馆

现代艺术并不存在，艺术自创作初始便是永恒的。

——埃贡·席勒

几个世纪以前，哈布斯堡家族这些价值连城的珍藏还由那些文艺复兴时期的君主保存着，几乎所有拥有它们的人都对这些艺术作品充满敬意，并小心翼翼地保存和呵护。其中的道理不言而喻，这些具有极高艺术价值的珍藏是他们炫耀自己身份地位的最好方式，而维也纳艺术史博物馆的历史与哈布斯堡家族的兴衰也紧密相连。时光倒退至 1358 年，当时的奥地利公爵鲁道夫四世在蒂罗尔地区收购了第一幅重要的中世纪画作。在一个多世纪后的 1493 年，腓特烈三世的长子马克西米利安一世即位为神圣罗马帝国皇帝、奥地利大公，以及德意志、波西米亚和匈牙利国王。马克西米利安一世继承了父亲对于艺术的热情，成为那个时代包括德国画家阿尔布雷希特·丢勒在内的众多艺术家的朋友和赞助人。

1567 年，两代人之后的大公斐迪南二世，在阿姆布拉斯宫收藏了数量众多的甲胄和出自大师之手的肖像画，小克拉纳赫、布隆齐诺和克鲁埃等人的作品均在其列。这些收藏与大公的人文主义精神相契合，可谓一部上至统治者下至知识分子和诗人的大百科全书式的肖像志。阿姆布拉斯宫可谓斐迪南二世的私人艺术行宫，这位对艺术秉持着火一样热情的皇帝，是文艺复兴时期真正的艺术和科学的推动者。而阿姆布拉斯宫最值得推荐的地方便是艺术奇珍展厅，俗称珍宝厅，这是唯一仍在原址并保持原状陈列的展室，那里收藏了极其精致且数量庞大的奇珍异宝，包括珊瑚、象牙制品，还有来自中国的瓷器和绘画，这些藏品无不体现了当时王公贵族的审美和艺术趣味。

1590—1595 年，尼德兰大公弗朗切斯科·埃内斯托收藏了诸多佛兰德斯地区的画作，其中就包括最受埃内斯托推崇和支持的老彼得·勃鲁盖

安托内罗·达·梅西纳
《圣卡西亚诺祭坛画》（局部）
约 1475—1476

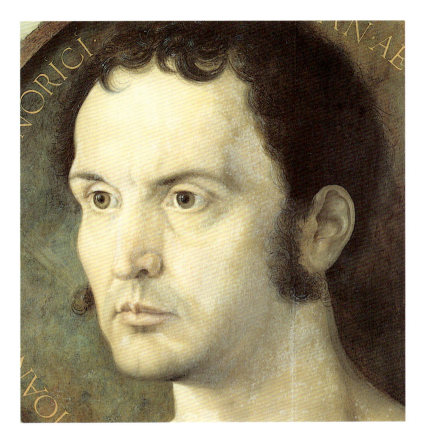

阿尔布雷希特·丢勒
《约翰·克莱伯格肖像》
1526

尔所创作的四季系列油画《农民的婚礼》。

　　1605 年，斐迪南二世的儿子和继承人查尔斯将阿姆布拉斯宫的大量藏品卖给了神圣罗马帝国皇帝鲁道夫二世，后者将其中的一些藏品搬至布拉格宫廷，大部分藏品被安置在蒂罗尔城堡中。鲁道夫二世对其在布拉格城堡区的"艺术厅"投入了很大的精力，除了从各地淘来的上乘之作，那里还陈列有布拉格宫廷艺术家的作品、古董以及装饰艺术。除了德国和佛兰德斯地区的画家，这位皇帝还偏爱意大利文艺复兴时期的艺术家，尤其是 16 世纪的威尼斯大师，而最受其青睐的便是丢勒和勃鲁盖尔。

　　鲁道夫二世还不失时机地通过各种政治和外交途径，与意大利、西班牙、荷兰交换和买卖画作，以满足自己个人的收藏梦想。正是通过这种方式，鲁道夫二世将各大名家画作收入囊中，其中就不乏从西班牙人安东尼

奥·佩雷斯那里买来的提香的《达娜厄》、柯勒乔的《朱庇特与伊俄》和帕尔米贾尼诺的《丘比特制弓》，而法国格兰维尔收藏的几乎所有丢勒的作品也汇集到布拉格。

　　鲁道夫二世也是一位极为慷慨的艺术资助人。他的宫廷中聚集了一大批被称为"鲁道夫艺术家"的画家，荷兰的巴托罗美奥·斯普朗格、德国的汉斯·冯·亚琛和约瑟夫·海因茨便在其列。这些围绕在皇帝身边的画家根据皇帝的个人品位进行创作，在当时欧洲矫饰主义（亦称风格主义）画派中自成一支。在他们的画笔下，神话和讽喻题材的内容被充分融进了矫饰风格所特有的躁动不安和扭曲夸张情绪，性爱场景频频出现。鲁道夫二世的艺术厅同样也收藏着零星几幅意大利肖像画大师阿钦博尔多的作品，后者在当时的布拉格宫廷非常活跃。同时，作为一个石刻爱好者，鲁道夫二世把他的这份热情转移到对珠宝首饰的研究上来，他的身边会集了一群才华过人的制作金银首饰的工匠、雕塑家和石匠。这些人的加入为原本就赚得盆满钵满且鼎鼎大名的"布拉格宫廷作坊"注入了更加新鲜的血液。令人惋惜的是，1612—1619年间，鲁道夫二世的弟弟马蒂亚斯在将宫廷迁至维也纳的过程中遗落了太多的珍藏，而这些宝贝在1648年由瑞

拉斐尔
《草地上的圣母》（局部）
约1506

罗希尔·范德·魏登
《耶稣受难图》（局部）
约 1445

典国王发动的历时三十年战争中惨遭洗劫，成为瑞典国新教徒的战利品。之后的转折出现在 1621 年 5 月 10 日，那一天，斐迪南二世颁布一项法令，宣布哈布斯堡家族的财产神圣不可分割和侵犯，意在阻止其家族各分支所持有的艺术品进一步流散。

1628—1662 年间，蒂罗尔的斐迪南·卡洛和安娜·美第奇的联姻，为位于奥地利的因斯布鲁克行宫带来了许多 16、17 世纪的意大利名画，其中最负盛名的有从佛罗伦萨的塔代伊家族购得的拉斐尔的《草地上的圣母》和安尼巴莱·卡拉奇的《阿多尼斯发现维纳斯》。此外，斐迪南二世的儿子、斐迪南三世的弟弟利奥波德·威廉大公亦是一位艺术拥趸，他于 1647—1656 年间出任尼德兰总督。威廉大公在国际艺术市场上搜罗各种名画，还曾参加白金汉公爵和查理一世（后在英国大革命中被处死）的艺术拍卖会，拍得为数众多的意大利和佛兰德斯大师的作品。

虽然不少作品是为哥哥斐迪南三世买的，但其中一部分最后成了威廉大公的个人藏品，后者将其陈列在自己位于布鲁塞尔的行宫柯登堡中。这些藏品包括意大利文艺复兴时期的曼特尼亚、安托内罗·达·梅西纳、乔尔乔内、提香、委罗内塞和丁托列托，佛兰德斯地区的扬·凡·艾克、老彼得·勃鲁盖尔、罗希尔·范德·魏登和汉斯·梅姆林（威廉大公是梅姆林作品的大力推广者），还有德国的小霍尔拜因和克拉纳赫父子等人的画作。威廉大公早年还聘请安东·范·德·巴伦作为自己的艺术顾问，此后这一职位由尼德兰画家小戴维·特尼尔斯担任，后者为威廉大公编纂、管理着所有的藏品并临摹了行宫里大量的画作。

这些珍贵的著录作为生动翔实的资料直到现在还具有极高的收藏价值，特尼尔斯的《绘画剧场》以铜版画的形式形象地展现了所有馆藏的意大利作品，成为不可多得的珍贵史料。1656 年，威廉大公携藏品回到维也纳。据一份 1659 年的财产目录清单显示，其带回的财产包括 1397 幅绘画、343 幅素描和 542 件雕塑作品，这些艺术品被分门别类，安置在位于因斯布鲁克的施塔尔堡内。这座 16 世纪晚期的城堡是为马克西米利安二世建造的，马克西米利安二世进驻霍夫堡后，这里作为皇家马厩继续使用。1657 年斐迪南三世逝世后，利奥波德一世继位，他继承了父亲和叔叔收藏的所有作品。利奥波德一世与克劳迪娅·费利西塔（斐迪南·卡洛与安娜·美第奇的女儿）结婚，为哈布斯堡家族的皇家收藏注入了新的藏品。

就在同一时期的 1659 年左右，西班牙国王腓力四世向维也纳皇室赠送了一些委拉斯开兹的佳作，包括《穿蓝色裙子的玛格丽特公主》和《腓力·普罗斯佩罗王子》。1711 年，约瑟夫一世驾崩后，他的弟弟查理六世登

保罗·委罗内塞
《耶稣和撒玛利亚人》（局部）
约 1585—1586

上了神圣罗马帝国皇帝的宝座。那个年代，巴洛克风格风靡奥地利并达到了巅峰，查理六世请来当地最著名的巴洛克建筑师为首都维也纳新添了几座地标：费舍尔·冯·埃拉赫设计了大名鼎鼎的美泉宫，卢卡斯·冯·希尔德布兰特主持修建了美景宫。此外，查理六世还主持了施塔尔堡的重修工程，将曾经威廉大公的名画陈列室改造成一个名副其实的皇家私人美术馆。其外形奢华，墙体以稀有木材装饰，内部更是光彩夺目，精美程度丝毫不逊色于所陈列的画作，而藏品更是依照查理六世特有的审美进行摆放，形式感分明。

到了 1740 年，查理六世的女儿玛丽娅·特蕾莎继承父业，成为奥地利第一位女大公，其夫弗朗茨一世在位期间购买了大量的装饰挂毯以补充皇室收藏。在维也纳，威尼斯画家贝尔纳多·贝洛托专门为特蕾莎女王创作了13 幅风景画。1765 年，一场思想领域的启蒙运动在欧洲兴起，启蒙运动在文化和科学领域为芸芸众生扫除了蒙昧，开启了民智。在这个背景下，维也纳成立了钱币和古董工作室，与此同时，位于皇家行宫霍夫堡内的珍品馆也进行了一次大调整。

18 世纪 70 年代，哈布斯堡皇家的收藏进一步丰富，前后出现两个重要节点。第一个是 1771 年，玛丽娅·特蕾莎的儿子约瑟夫二世在米兰同

埃斯特家族最后一位继承人玛丽娅·比阿特丽斯结婚，买入了意大利摩德纳埃斯特家族珍贵的艺术藏品，除了价值连城的乐器，其中最引人注目的便是一大批古希腊和文艺复兴时期的雕塑作品；第二个是 1773 年，教皇克雷芒十四世发布法令，宣布解散耶稣会，此后，耶稣会教堂的祭坛屏风画如雨后春笋般出现在欧洲各大艺术市场。玛丽娅·特蕾莎乘此机会入手了五幅鲁本斯的大型绘画作品，其中就包括著名的《圣母升天》。

　　1780 年，特蕾莎逝世，其子约瑟夫二世即位。除了特蕾莎生前在各处行宫淘来的藏品，大量的鲁本斯和凡·戴克的祭坛屏风画使施塔尔堡的展位空间越来越吃紧。为此，约瑟夫二世不得不将这些藏品转移至美景宫存放。美景宫建于 1714—1722 年，由哈布斯堡王朝极有势力的萨沃伊·欧根亲王兴建。欧根亲王在奥地利历史上是一位举足轻重的人物，1697 年，欧根亲王在与土耳其的森塔战役中奠定了自己在军中的统帅地位。这座宫殿之后被哈布斯堡家族作为皇家美术馆使用，1781 年作为公共博物馆对公众开放，这比卢浮宫早了十多年。相对于施塔尔堡美术馆的奢华和对个人兴趣偏好的侧重，美景宫的设计和布展更加科学、理性而负有公共责任，里面艺术品的陈设第一次由一位艺术史学家（克里斯蒂安·冯·梅切尔）来规划设计。这些藏品依照作者的国别和所属年代摆放，以方便公众更好地认识和理解艺术作品。

1790年，约瑟夫二世逝世，1792年末代皇帝弗朗茨二世登上神圣罗马帝国的宝座。在位期间，弗朗茨二世与他的哥哥托斯卡纳大公利奥波德二世达成了藏品交换协议，前者用一部分美景宫的艺术品换佛罗伦萨画师的作品，这直接导致哈布斯堡家族藏品蒙受巨大损失，其中就包括丢勒的《三博士来朝》。拿破仑战争期间，为防止法国士兵掠夺珍藏，皇室命人将阿姆布拉斯宫的藏品与陈列在珍宝厅中的皇冠珠宝和金羊毛勋章搬至维也纳城区。

1814—1815年间，哈布斯堡家族的各类收藏由于保管完善没有遭到任何破坏。大约19世纪中叶，奥匈帝国的缔造者弗朗茨·约瑟夫一世（1848—1916年间担任德意志邦联总统）愈加感到急需将哈布斯堡所有的珍藏统一陈列在一个地方。于是，一项宏伟而浩大的工程启动，根据设计图，位于维也纳老城区的霍夫堡两侧将修建两座相向而立的建筑，一座是艺术史博物馆，另一座是自然史博物馆。博物馆工程于1871年动工，总工程师是维也纳的著名建筑师卡尔·冯·哈森内尔，副总工程师是来自德国的建筑师戈特弗里德·森佩尔。根据规划，两座博物馆将充分体现文艺复兴时期的建筑风格。1891年10月17日，弗朗茨·约瑟夫一世出席了艺术史博物馆的落成仪式。到了1918年，德意志奥地利共和国成立，哈布斯堡家族长达几个世纪的统治落下帷幕，昔日的皇家美术馆也自然过渡给了新成立的共和国统治者。1939—1945年，时值第二次世界大战期间，艺术史博物馆的部分藏品被转移至小城阿尔陶塞的地下仓库中，在纷繁的战乱中逃过一劫。

虽然或多或少受到战争的影响，在此期间，博物馆的藏品仍在不断丰富中，这要感谢来自各方的捐赠，其中就包括罗斯柴尔德家族的贡献，他们将越来越多的重要的荷兰绘画带到了维也纳。

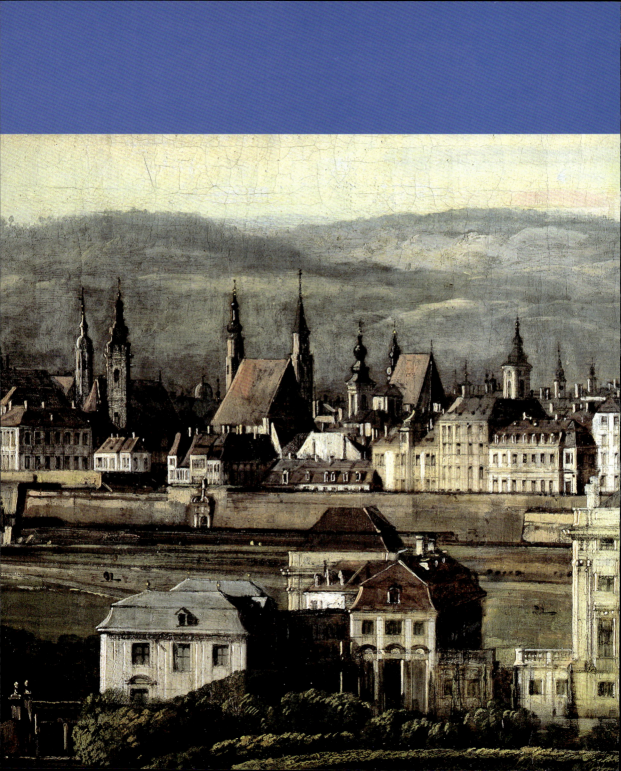

扬·凡·艾克

木板油画
34.1 cm × 27 cm
由利奥波德·威廉大公于 1648 年购买

《红衣主教阿尔贝加蒂肖像》，约 1435

　　该画约作于 1435 年，画中的人是来自意大利博洛尼亚的尼古拉·阿尔贝加蒂，他曾是梵蒂冈调停英法百年战争的和平特使。阿尔贝加蒂在 1431 年来到布鲁日的时候，曾让凡·艾克为他画像，画家当时仅画了一幅精美的银笔画素描（现藏于德累斯顿铜版雕刻艺术展馆）。这幅珍贵的作品被利亚纳·卡斯特尔弗兰奇·维加斯教授定义为凡·艾克"第一思想"，它的每一处描绘和刻画都细致入微，无不反映出画家严谨的创作风格；整个画面色彩精湛，画中的淡黄色和泛着浅蓝的白色更是被多次运用在他之后的创作中。根据推测，色彩是红衣主教离开之后才上的。虽然油画较素描在表现生动性上略微差一些，但是它极为写实地塑造了一位充满智慧的红衣主教的形象。我们可以看出这幅画的尺寸有所裁剪，这很有可能与买画方的私人诉求有关，画面中的阿尔贝加蒂主教尽管显示出一副区别于普通人的安详神态，头顶却并没有戴帽子。

　　在这幅画中，凡·艾克倾注了自己对光线的理解，他超越了哥特式的平面侧影，使身体浮现于素色的背景上。画家观察细腻，作品直指人物灵魂。

木板油画
34.1 cm×27.3 cm
由利奥波德·威廉大公于 1648 年购买

罗希尔·范德·魏登

《耶稣受难》，约 1445

根据肖像学，圣母抱柱痛哭是很不寻常的，而画家偏偏摒弃了哥特式惨白的面孔，用这种方式向人们娓娓道来。

　　这位佛兰德斯大师的作品采用了完全原创的手法。在中央画板上，圣母拥抱十字架这一不同寻常的主题很可能来自罗希尔·范德·魏登和罗伯特·康平（又称佛莱蒙大师）自由诠释圣伯纳德的文字。右侧画板上的圣人很可能是圣维罗妮卡，当耶稣背着十字架爬上髑髅地时，就是她递给耶稣一块擦脸的布。左侧画板上的圣人一般被认为是抹大拉的玛利亚，因为她手里似乎拿着一罐药膏。然而，她身后的景观中出现的塔楼和她手捧圣杯的圣人形象，都让人联想到另一位圣人圣芭芭拉。在地平线上，一个想象中的耶路撒冷突显了三幅画中景观的和谐统一。晴朗的天空中，云朵轻盈地飘过，让整个场景沐浴在柔和的光线中，与画面中体现的凝重形成鲜明对比。画面中的人物凝神祈祷，艺术家暗示而非描述了痛苦的张力。

让·富凯

《弄臣贡内拉》，约 1445

木板油画
36 cm × 24 cm
来自利奥波德·威廉大公的收藏

画家汲取了意大利、佛兰德斯和法国画的精髓，巧妙地处理了画面中人物与空间的关系。人物神态谐谑，将小丑的形象描摹得淋漓尽致，而画中人物流露出的一丝哀伤更是成功捕获人心。

　　据考证，这幅作品有可能出自让·富凯之手，绘于其出游意大利的旅途中。除了通过与富凯之前的画作对照，专家还使用红外线扫描画作素描底稿上用法语书写的注解以及色彩的使用来确定画家身份。

　　这幅画中的主人公是那个时代颇有影响力的小丑，据推测，画家本人极有可能是在意大利费拉拉的埃斯特家族遇到这个小丑的。画面精准细致的描绘手法一度让人们以为作者是凡·艾克。我们不能否认富凯精雕细琢的能力，他于 1445—1450 年间游览意大利的费拉拉、罗马、那不勒斯和佛罗伦萨等城市，在此期间他接触到很多佛兰德斯画师的作品，这对他画风的修正起到一定推动作用。画家将后哥特式的精准无误糅到了严谨的现实主义风格中去，创造出浓郁的空间美学。画风思路清晰，人物造型非常意大利化。画中的胡子、皱纹、略微下垂的眼睑和红粉带笑的眼睛点活了整个人物形象，可谓弄臣形象的经典。

布面油画
68 cm×30 cm
来自利奥波德·威廉大公的收藏

安德烈亚·曼特尼亚

《圣塞巴斯蒂安》，约 1457—1459

在这幅充满古典主义气息的画中，作者安德烈亚·曼特尼亚在右侧的石柱上用希腊语来署名。画面营造出一个森严的世界，故事的主人公圣塞巴斯蒂安就像一尊石像一样被反绑在石柱上。这幅作品见证了这位帕多瓦画师强烈的考古人文情怀和他对包括保罗·乌切洛、安德烈·德尔·卡斯塔尼奥和菲利波·利皮在内的托斯卡纳画家透视技法的继承。

在这幅画中，殉难者圣塞巴斯蒂安置身于一片废墟中，整个身体被绑在石柱上。石门后面的建筑、桥梁和拱廊展示着精致的罗马式风格。曼特尼亚是崇尚古典的人，他的作品常常会情不自禁地带入古代的元素。正是由于这种割舍不掉的情怀，他的作品总是倾向于展现精细的形式美而避开革新的佛罗伦萨文化，而这种新文化与托斯卡纳画家为探寻人性道德的本源而回头注视古代文明的方向恰恰相反。对于曼特尼亚来讲，这个世界在他眼中就像一座失落的天堂，只能在想象中回首过往。

这幅画中的耶稣出现在古典式环境中，周围的残垣断壁和雕塑的碎片营造出一种时空遁隐的宁静美。

胡戈·范德·格斯

《原罪》，约 1468—1470

木板油画
33.8 cm × 23 cm
来自利奥波德·威廉大公的收藏

格斯还很年轻的时候就创作了知名度很高的作品《原罪和救赎双联画》，左侧画的是《原罪》，右侧则是《哀悼基督》。在《哀悼基督》中，格斯刻意避开在画作背景上安排渲染悲怆情绪的风景，而在《原罪》中，亚当和夏娃却置身于充满绿意的旷野。

画面中的两尊裸体凸显了画家自然主义技法的运用，人物的线条亲切而又不失精准。最值得赞叹的是对蛇这个形象的改革。画家抛弃了以往蛇身少女面孔的造型，大胆创造了女性立姿蜥蜴的模样，给人耳目一新的优雅美感。在《圣经·创世纪》里，蛇引诱夏娃偷吃禁果，并欺骗她说吃了便能区分善恶，和亚当一起变成上帝。年轻的格斯摒弃了凡·艾克式的理想主义，整幅作品生动形象，充满辛辣和讽刺的意味，原创感强烈，反映了画家内心渴望对经典形象颠覆重塑的坚定愿望。

马丁·施恩告尔

《圣家族》，约 1472

木板油画
26 cm × 17 cm
1865 年购得

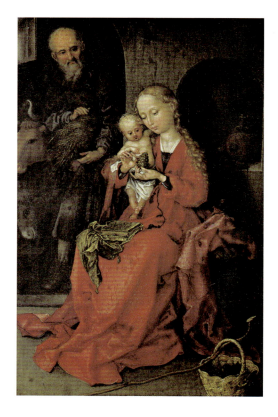

在这件按原作尺寸复制下来的小型《圣家族》中，施恩告尔的细腻感尤其体现在对圣母双手的刻画上，画中的圣母怀抱耶稣，双手小心翼翼地挑着葡萄。我们不仅可以从此处赞叹画家高超的细节把控能力，也不得不感慨其家庭传统金银工艺环境给他带来的深远影响。

15 世纪中叶，施恩告尔在法国阿尔萨斯地区非常活跃。施恩告尔在科尔马接触学习到了佛兰德斯文化并游览过无数地方，在那里，他受到了魏登、迪里克·鲍茨和格斯画风的熏陶，将他们精湛的透视技巧运用到了自己对人物的塑造中。此外，施恩告尔还继承了他们专注于细节的传统。在这幅画中，圣母膝上摆放的书，右下角满筐葡萄的竹篮让人联想起圣餐酒，寓意耶稣之血，专注的圣母和左上角的约瑟夫，这些都刻画得十分细腻。

在线条的处理上，施恩告尔也相当娴熟，画中勾勒人物的线条显得既纤细又清晰，在这方面，画家从不会试图遮掩自己的能力。事实上，施恩告尔更以宗教类铜版画见长。他留给后世的画中有 115 幅是宗教类题材的铜版画，并以缩写"MS"署名，这批画作当时风靡全欧洲，为各大画室和手工艺小作坊所临摹。施恩告尔高超而精湛的技艺对欧洲艺术史的进化起到了推动作用，之后的阿尔布雷希特·丢勒便深受其影响。

木板油画
44.5 cm × 86 cm
1857 年购得

科斯梅·图拉

《由两位天使支撑的基督身体》，约 1475

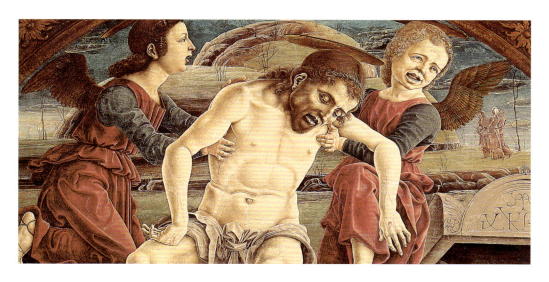

该画背景右侧的三女神足以印证图拉刻画女性雕塑形象的功力，她们褶皱的衣纹和扭转的身躯，也契合了画面主体人物基督的"石像"特征和悲壮的情绪。

　　据判断，该作品有可能属于圣贾科莫教堂大型祭坛画中的片段。这幅出自费拉拉画师的作品刻画了一个紧绷的暴力惨景，画中的人物表情，尤其是右侧天使的面部表情更加渲染了这种悲怆的情感。右下角的石棺上刻有模仿希伯来文书写的作者名字。画面石化感强，仿佛悲伤的情绪也凝固了。美国著名艺术批评家贝伦森就曾评论称："图拉的双手就像魔爪，用他特有的方式和这个世界建立联系。他笔下的人物属于这样一个世界：几个世纪以来没有鲜花、青草、大地、肥沃的土壤甚至是泥土，只有冷冰冰的岩石。"

　　在费拉拉，图拉汲取包括皮耶罗·德拉·弗朗切斯科、多纳泰罗和斯夸尔乔内在内的前辈的风格，并融入了魏登极富表现力的自然主义风格。图拉在他的画作中创造了一个多元素共存的世界，我们可以欣赏到极为独特的环境、愤怒的情绪、佛罗伦萨派的人文主义特质、超现实的轮廓和相貌，还有埃斯特家族的优雅与智慧。

安托内罗·达·梅西纳

《圣卡西亚诺祭坛画》，1475—1476

木板油画
左侧 55.5 cm×35 cm
中间 115 cm×63 cm
右侧 56.8 cm×35.6 cm
来自利奥波德·威廉大公的收藏

　　这幅祭坛画是安托内罗受贵族皮耶罗·博恩的委托为威尼斯的圣卡西亚诺教堂所作，现在只剩下三联祭坛画的中联部分。中图描绘的是圣母抱着坐在膝头的耶稣，左图是圣尼古拉和圣阿纳斯塔西娅，右图是圣多明我和圣奥索拉。作品的纵深感和对光线的娴熟处理赋予作品以现代性，而圣母形象位置的抬升尤其是对颜色和光线的温和化处理，更是对包括乔瓦尼·贝利尼在内的威尼斯画派带来了深远的影响。同时，这位来自墨西拿的画家也精于构图，在这幅画中，两侧的圣徒被放置在以圣母为中线的圆弧上，使纵深的效果传达得更加充分。

　　《圣卡西亚诺祭坛画》作为安托内罗的代表作，不仅为其艺术生涯奠定了坚实的基础，更在融合了佛兰德斯画风和皮耶罗·德拉·弗朗切斯科透视技巧的基础上，率先创造了一种新的精神。它鼓励乔瓦尼·贝利尼等威尼斯派画家大胆运用更富表现力的色彩，并引领了一批包括阿尔维斯·维瓦里尼、卡巴乔和乔尔乔内在内的画家，在透视和光线领域做出进一步的革新。

圣母头戴纱巾，在一群圣徒的簇拥下显得高大而慈祥，就好像画家安托内罗有意而为之。在创造这幅画的十几年前，安托内罗曾与皮耶罗·德拉·弗朗切斯科有所接触，后者在透视技法上颇有研究，这也很好地解释了画面中完美的透视表现。

圣母奢华的金色绸缎裙摆刻画细腻逼真，这与安托内罗早年在那不勒斯科兰托尼奥画室所进行的训练不无关系，正是在那里，安托内罗接触到了来自佛兰德斯、西班牙和普罗旺斯的绘画风格。

位于第一排的圣多明我身穿白色教袍、黑色外套，在他身旁的圣奥索拉手执仪仗，让人不禁联想起他殉难时的场景。

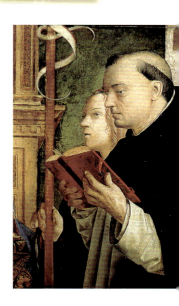

盖尔特根·冯·哈勒姆

《施洗约翰的遗骨》，约 1484

木板油画
172 cm×139 cm
来自利奥波德·威廉大公的收藏

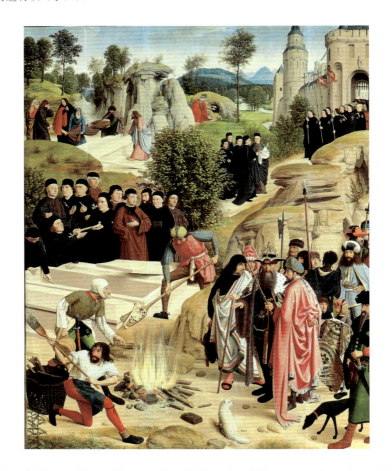

　　盖尔特根·托特·辛特·扬斯，又名盖尔特根·冯·哈勒姆，一生都在为哈勒姆的宗教团体圣约翰兄弟会工作。这幅《施洗约翰的遗骨》是哈勒姆一处教堂祭坛画的右翼部分。画面主要描绘了"哀悼基督"和"施洗遗骨"的故事。

　　画中哀悼基督的场景极易让我们联想起魏登笔下的人物和他们的神态，而在施洗遗骨的场景中，我们可以欣赏到盖尔特根对群体肖像的描摹，这对 17 世纪著名的肖像画家伦勃朗和弗兰斯·哈尔斯有着十分重要的意义。风景在这幅画中不再是背景陪衬的意义，而是完全参与了故事的叙述。群像画打破了对圣徒个体的崇拜，重建了新的画面秩序。

在这幅巨作的远景中，盖尔特根组织了多个独立的小故事。在埋葬施洗约翰的场景中，我们很容易辨识出裹着头巾的伊丽莎白正在哀悼受难的孩子。

盖尔特根将故事中不同情节糅合在一幅画面中，并以群像的方式表达出来。此处描绘的是一群他的画作订购人，身着 15 世纪的服饰。

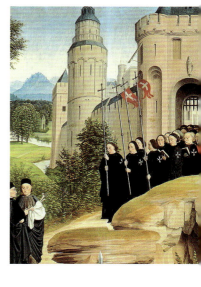

对施洗约翰的火葬与君士坦丁王朝罗马皇帝朱利安恢复异教的努力相呼应，后者是罗马帝国最后一位多神信仰的皇帝，并努力推动多项行政改革。因其恢复罗马传统宗教并宣布与基督教决裂，被基督教会称为背教者。

木板油画
中央面板 69 cm × 47 cm
两侧 63.5 cm × 18.5 cm
来自利奥波德·威廉大公的收藏

　　这幅富有梦境般迷人氛围的《三联式祭坛画》又被称为《圣乔瓦尼祭坛画》。祭坛画中央描绘了坐在中间的圣母子，左边是天使，右边是捐献者，两侧分别是施洗约翰（左）和福音书的作者约翰（右），而两侧的背面描绘的则是亚当与夏娃。梅姆林是罗希尔·范德·魏登的弟子，他没有模仿老师对画面戏剧性效果的推崇，而是推崇贵族化的样式，把悲情和细腻的情感糅化于甜美之境，这从天使给圣子递水果的局部可以窥见。

　　梅姆林在细节方面的刻画功力颇深，人物衣装、背景屋舍等的描摹都是很好的佐证，而御座上方的拱廊装饰无不体现出意大利文艺复兴的风格。德国的艺术史学家帕诺夫斯基这样评价梅姆林："他的《三联式祭坛画》主题画面的尺幅缩小，周围装饰有大理石花柱、历史题材的柱头还有凸镜。"画的背景光线明亮且充满生机，远景中的屋舍精致而清晰，有骑马出城的人物（左）、走过木桥的人（右）等细腻描写极富温情，这种田园牧歌式的题材是梅姆林的最爱。

希罗尼穆斯·博斯

《赴骷髅地的行列》，1480—1490

木板油画
57 cm×32 cm
1923 年购得

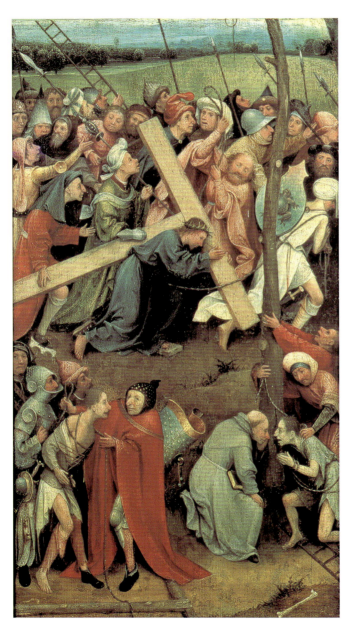

这幅画是《三联式祭坛画》的左翼，其中央部分《十字架上的基督》业已失传，背面则是裸婴嬉戏圆形图。这幅作品上部底色着黑，下部着红，画面的近景描绘了若干丑陋滑稽的面孔，很有可能是为了传递某种讥讽意味。

画面的上半部分描绘了基督在一大群人的推搡下前进，该场景下的基督在画面中尤为突出。基督前方的人物背着一个大盾牌，盾牌上画有一只蟾蜍，影射死亡之意，打破了单调的队列局面；基督的左侧充斥着各样的人物脸谱。博斯在这幅画上预设了精巧的构图，下方的两个小偷虽在队列的第一排但整体下移，使得上方的基督图像成为整幅画中真正的主角。在这幅画中，博斯大胆创新，将本应背着十字架的古利奈人西门一笔带过。画中的人物肖像充满讥讽的意味，生动富有表现力。法国作家安德烈·布勒东评论道："博斯是一个彻底的幻想家，他的颠覆性的革命至少影响了半个世纪的艺术史，他开始重新反思艺术创作的原则。"

在对基督的刻画上，博斯摒弃了哗众取宠的天马行空，使他的形象返璞归真。博斯有意分离了基督和周围的人群，用近乎电影化的效果突出他的形象，而他脸上隐忍凝固的表情更是完全脱离了围观者困惑扭曲的神态，显得那样遗世独立。

此处的小偷据福音书所载被命名为"狄思玛斯"，正在向一位不知名的神父忏悔。小偷倚在树干旁，树干上方便可看见绘有蟾蜍图像的盾牌，整个画面连贯而富有结构性。

在被绑着的小偷旁边，我们能看到一位穿着盔甲露出脑袋的士兵，不少人指出这人有可能就是博斯的自画像，仿佛他穿越时空来到了画面上，与大家一起见证这场不可避免的灾难。

彼得罗·佩鲁吉诺

《基督受洗》，1498—1500

木板油画
30 cm × 23.3 cm
1773 年收藏于阿姆布拉斯宫

左侧两位祷告沉思的形象更加衬托出画面的神圣感。这种诗化的处理方式后来被佩鲁吉诺的弟子拉斐尔所模仿。

　　这是佩鲁吉诺成熟期的经典作品。这幅画注重构图和布局，采用了对称透视的手法，在画面中央，基督和施洗者约翰的形象受古希腊男子形象影响，基督像极了当年的古希腊美男子，而约翰更似一座雕像。这种诗化的处理使佩鲁吉诺在 15 世纪最后 20 年里蜚声意大利。画中的构图和透视早已不仅仅是一种美学上的技法，它更好地将画面中的人物合理地聚集在一起，拉近了地上凡人和宇宙上帝之间的距离，营造出和谐温暖的关系。

　　在画面的空间布局方面，艺术史学家伯纳德·贝伦森曾这样评价道："宗教情感分娩于人和宇宙之间身份的感知和互动，而这种感觉在画作中需要通过画面空间布局来营造。空间感能直奔主题去打开感知宗教情感的大门，除此之外，别无他法。"

木板油画
55.5 cm×41.5 cm
1927 年购得

老卢卡斯·克拉纳赫

《忏悔的圣哲罗姆》, 1502

　　老卢卡斯·克拉纳赫的名字应该是源自他的故乡——德国上弗兰肯行政区的克罗纳赫。他的父亲便是一位画家，而克拉纳赫年轻的时候就离开了父亲的画室前往维也纳学习创作。在描摹神话风景方面，克拉纳赫非常有天赋，而日后的多瑙河画派正是起源于他在维也纳时期的作品。

　　这幅画中的圣哲罗姆被描绘成一位老人，身穿宽幅布裙，手执石块正欲砸向受难耶稣的前方，背景中的树木随狂风扭动着身躯。克拉纳赫不同于丢勒，在根本上与意大利艺术和文艺复兴毫不沾边，他将全身心投入到了德国传统和文化中。1505 年，克拉纳赫被腓特烈三世任命为萨克森宫廷画师，直至终老。克拉纳赫是一位成熟的画家，他涉猎的形象常常与同期画家迥然不同：神圣的宗教场景、神话传说、宫廷人物像等都信手拈来，共性之处在于，几乎每幅画都透着一股浪漫主义情节。在他的创作成熟期，这位德国大师将目光投向了贵族样式主义，他的画风也与早年不太相似，呈现出更加复合多变的样式形态，绘画技法也愈加精湛高超。

在古希腊，猫头鹰是智慧的象征，这里兴许是为了颂扬圣人的博学。在很多作品中，圣哲罗姆都是知识的化身，他常与书、笔为伴，或阅读或写作。

木板油画
33 cm×25 cm
1923 年购得

　　作为一个匈牙利金银匠的儿子，阿尔布雷希特·丢勒曾经跟随父亲短暂地学习雕刻艺术，此后他来到巴塞尔，师从意大利著名画家曼特尼亚研习雕刻，不久便开始了他人生中第一次意大利游学。在威尼斯，他接触到了乔瓦尼·贝利尼的作品。丢勒艺术生涯的真正转折点是他的第二次赴意旅行，在这段时间里，他将从意大利画家那里汲取的经验和包括透视、比例在内的技法运用到实践中。

　　1505 年对于丢勒来说尤为重要。这一年，他再次来到威尼斯，在大量研习本地画派并欣赏外国作品之后，他的画风开始发生革命性的改变。这幅《年轻的威尼斯女子》并没有画完，这可以从人物右肩还未上完色彩的蝴蝶结得出结论。受威尼斯画派的影响，画面中的人物显得温婉而体贴，与画家早年在德国创作的严肃肖像大相径庭。在深黑色的背景衬托下，人物的脸庞在明亮的光线下显得格外甜美清晰，她鬈曲的发梢也略显性感。

拉斐尔

《草地上的圣母》，1506

木板油画
113 cm×88.5 cm
1662 年由斐迪南·卡洛大公购买，1773 年起收藏于本馆

　　拉斐尔游历佛罗伦萨期间为塔代奥·塔代伊创作了这幅画，时间为 1506 年，而圣母衣服的领子上便有 "1506" 的落款。这幅作品也叫作《美景宫的圣母》，因为在 18 世纪这幅画被陈放在维也纳的美景宫内。佩鲁吉诺正是年轻的拉斐尔的第一位导师，受益于他的影响，后者利用空间创造了新的视觉体验。

　　在这幅画中，拉斐尔不仅实践了导师佩鲁吉诺在人物面貌和心理刻画上的细腻感，还模仿意大利画家皮耶罗·德拉·弗朗切斯科在人物空间上下足了心思，使画面中三个人物自由地构成一个金字塔的结构，而他们三个人物之间还通过眼神进行了很好的衔接和关联。拉斐尔巧妙地将达·芬奇画作技法中的柔和渐变以及明暗对照运用到创作中，而背景中的风景更是很好地烘托了主体。

左后背景幽蓝的薄雾环绕山岭，山脚下隐约可见几座屋舍。拉斐尔采用温和柔软的渐变，与达·芬奇惯用的技法非常相似，而拉斐尔轻快的色泽恰是点睛之笔，为整个构图增添了自然的韵律。

圣母出神地望着小约翰，神情慈爱端庄，与佩鲁吉诺笔下的人物肖像十分相似，也达到了神与形的完美结合。

小约翰和一旁的小耶稣眼神交汇，图中的十字架隐喻小约翰日后的施洗者身份。圣约翰是撒加利亚和伊丽莎白的儿子，日后在约旦河边为耶稣施洗。

乔尔乔内

《三哲人》，约 1507

木板油画
123.8 cm × 144.5 cm
来自利奥波德·威廉大公的收藏

　　这幅风景画曾被塔代奥·坎塔里尼收藏，马尔坎托尼奥·米歇尔描述这幅画中的三位哲人：两位神职人员，另一位则聚精会神地注视着地面闪耀的光芒。关于这三位人物身份的猜测有很多种说法，最为可信的有三种解释：圣经故事里的三哲人，象征人类一生所走过的三个年龄阶段，或是哲学领域的三位泰斗。

　　意大利艺术史家瓦萨里曾在他的《艺苑名人传》中，将乔尔乔内与文艺复兴三杰的达·芬奇、拉斐尔和米开朗琪罗放在同列，称他们是"现代艺术表达方式"的创始人，并强调其相较于乔瓦尼·贝利尼在色彩上所取得的突破与创新："在油画和壁画领域，他对颜色的把握尤为突出，鲜活、温软、和谐、明暗过渡自然。"这得益于他对色彩的掌控。在瓦萨里看来，乔尔乔内从不设计画面，他将温和的肖像融到整幅画的意境中去，为人与自然搭建起一个完整而紧凑的关系。

有一种猜测称画上的年轻男子是反对基督的化身，他是灾难和死亡的象征，曾有占星师预言他将于 1504 年到来。

该作品经 X 射线照射显示，这位老人肖像的初稿原来头戴王冠。如果老人代表摩西的说法成立，那乔尔乔内很有可能是想通过刻画这三个人物来展现三个不同的宗教。

乔尔乔内对远景中光线的微调赋予画面一定的纵深感，可以看出乔尔乔内有模仿达·芬奇的意图。

乔尔乔内

《劳拉》，1506

布面油画
41 cm×33.6 cm
来自利奥波德·威廉大公的收藏

该画有可能描绘的是一位新婚女子，她背后的月桂树象征贞洁和纯情，而她丰腴的肉体和姿态不仅传递了爱和诱惑的信号，更是昭示了女性强大的繁殖能力。

　　尽管这幅作品尺寸不大，但这是唯一一幅背面附有乔尔乔内落款的作品，与此同时，它也是与达·芬奇作品《蒙娜丽莎》最为神似的一幅画。它曾经被威尼斯人巴尔托洛梅奥收藏，或许与16世纪初威尼斯文艺界的复兴彼特拉克主义有关，但绘画的主题仍无据可考。画中的女子很有可能是达芙妮，穿着宫中女官的服饰或是新婚礼服，而背后的月桂寓意婚前的贞洁。乔尔乔内通过非常精细和微妙的光线转换创造出各种形态，以豪华的红衣以及柔软的皮毛来强调黄金般的肤色及肉体局部所透出的闪烁的生命感。本图肖像中的鹅蛋脸亦可参见乔尔乔内早期的作品《暴风雨》（现藏于威尼斯学院美术馆）。

木板油画
53.3 cm × 42.3 cm
1816 年收藏

画中幕布后点着一盏吊着的灯，这或许象征着青年男子火一样的热情和爱情，也可能寓意韶光易逝，岁月难留。

　　这幅想象画作为洛托的经典作品之一，仍保留丢勒遗风。很有可能洛托在 1505—1506 年间与丢勒有过直接的往来，因为当时后者正小居威尼斯。整幅画透着一股高深莫测的神秘感。在意大利艺术史家廖内洛·文杜里看来，在诸如阿尔维斯·维瓦利尼、乔瓦尼·贝利尼尤其是丢勒等大师的作品面前，"洛托有着惊人的学习和模仿能力，而丢勒对其影响更甚，但洛托又走出了自己的路线"。画中的人物拥有斯堪的纳维亚人的线条和面庞，眼神深邃，鼻型坚挺，小嘴微微张开似答非答。洛托不仅传达了人物的外貌，更是洞察其内心，很讲究地刻画出人物的脾性和心灵。贝伦森评论称："画像中的青年应该为这幅画像暗自窃喜，因为画家并没有对他额部过多的赘肉加以写实。"

提香

木板油画
65.8 cm×83.5 cm
来自利奥波德·威廉大公的收藏

《圣母与圣子》，1510—1512

    这幅《圣母与圣子》也叫《吉卜赛圣母图》，是提香早期的作品，作品中金字塔状的人物结构和相对独立于风景的肖像布局设计，明显受到了贝利尼和乔尔乔内的影响。金字塔肖像构图和罕见的景位设计在柔和的色泽中充满了生机。这幅画轻松温婉，无不体现了画家在威尼斯居住期间高昂的热情与活力。那个时候的威尼斯人才荟萃、百花齐放，为提香提供了无数绝佳的向包括贝利尼、卡帕乔、西玛·达·科内里亚诺和皮翁博在内的大师进行学习的机会。在贝利尼的介绍下，提香接触到了乔尔乔内，除了学习他的用色，提香还开始尝试对静物进行分析。在这幅画中，远景中的山峦在一片静谧的氛围中渐渐散开，与近景中圣母红、绿、白这三种鲜艳的颜色交相辉映。和他的老师们比起来，提香对人物面部表情的拿捏更有天赋，而在这幅画中，圣母圣子的目光紧凑地投向左前方，在构图上也颇见功力。

阿尔布雷希特·丢勒

《圣徒对三位一体的崇拜》，1511

木板油画
135 cm × 123.4 cm
1585 年鲁道夫二世从纽伦堡购买

　　作品右下角的题词：1511 年圣母怀孕日，阿尔布雷希特·丢勒作。这幅作品是当年丢勒为玛缇亚斯·兰道尔创立的养老院（十二兄弟之家）所作。在这幅三位一体礼拜图中，上半部分刻画的圣父张开双臂，支撑着十字架的横梁；耶稣被钉在十字架上，头顶的白鸽展翅而飞，象征圣灵。耶稣的左下方是身着蓝衣的圣母率领着圣女团，对面是一群《旧约圣经》中的人物，前面是施洗约翰，背后是摩西和大卫王。丢勒在这幅画中很好地诠释了他在意大利习得的透视技法并以相当宏伟的场景呈现出三位一体礼拜的景观。丢勒曾经说过："人物画越精准越相似，作品越上乘；如果把每个人身上最好看的部分拼凑在一个人身上，那这个人便是最完美的。"丢勒在这幅画中刻画了数量众多的圣人和凡人，通过他们将圣父、圣子、圣灵的形象凸显出来。

阿尔布雷希特·丢勒

《圣母与圣子》，1512

木板油画
49 cm×37 cm
约 1600 年由皇帝鲁道夫二世购买

得益于丢勒在水彩画上的经验，他在油画上将特有的现代感发展得相当成熟，这也为同时期绝大多数的画家所效仿。

这幅《圣母与圣子》是丢勒的一幅经典作品，以其所描绘的亲密而甜美的场景为世人所知。该作品在对人物描绘上使用的雕刻手法以及强烈的明暗对比，是丢勒当时最青睐也是最擅长的绘画技法。画中的人物丰满圆润，服饰的色调为蓝色和天蓝色，笔触清晰而不拖沓，肉体颜色渐变自然；与此同时，圣母的头巾也处理成与皮肤相一致的色调。受意大利画风影响，丢勒模仿米开朗琪罗和曼特尼亚的绘画技法却并不显得那么突兀。画面的构图围绕圣母的头像，她的眼睛温柔地注视着怀中的圣子。画家似乎想竭力将画面的空间集中到圣母微垂的头部和婴儿扭转的脸庞上，这种处理为空间感和明暗对比的营造提供了可能，是非常明显的意大利传统画风的体现。

木板油画
62 cm×79 cm
来自利奥波德·威廉大公的收藏

乔瓦尼·贝利尼

《梳头的少女》, 1515

本画因其世俗主题而显得尤为珍贵，画家创作该幅作品时已经80岁，同期作品还包括《诸神的祭典》(现藏于华盛顿国家艺术馆)。绘画主题如此不同的原因，很可能是因为贝利尼在当时开始重新审视他两位学生的作品，一位是乔尔乔内，一位是提香。这位威尼斯文化的有力践行者，通过色彩来挖掘和描绘人物和风景，成功地将屋内屋外的景致巧妙地融合在一起。画家对颜色和光线的处理，可以感受到几年前去世的乔尔乔内的遗风，突出了面部特征和风景细节。画作右侧底部纸片上的题款为"乔瓦尼·贝利尼，1515"。

这幅画使我们不经意间回想起达·芬奇笔下的一些画面：右手执镜，小拇指微微弯曲，洁白的身体，黑色的背景，远景中的天蓝色与少女头巾的色泽相近，而镜中反射出的头饰更是清晰可见。

我们可以从玻璃花瓶的局部图中捕捉到佛兰德斯和凡·艾克的主题和风格。这幅画通过层层上色为打造光线效果提供了便利，给人以难得的自然美感。

约阿希姆·帕蒂尼尔

《基督受洗》，约 1515

木板油画
59.9 cm×76.3 cm
来自利奥波德·威廉大公的收藏

　　约阿希姆·帕蒂尼尔于 1485 年出生于布维涅，他的作品中，只有 1515 年加入安特卫著画家协会后的作品才为人所知。1521 年，帕蒂尼尔拜见丢勒，后者评价其为"优秀的风景画家"。事实上，这位佛兰德斯画家为很多画家画过背景画。虽然风景部分并不是帕蒂尼尔画作的核心部分，但他对自然别具一格的描绘，甚至为彼得·勃鲁盖尔这样的画家提供了很大的创作灵感。在这幅画中，原始的石山泛着光亮，人们的注意力很快集中到旁边扑翅而飞象征圣灵的白鸽上，而石山上方的上帝正在注视着基督受洗。整幅画色调呈灰、绿、蓝三色，三者交织在一起构成了一种超现实的宇宙感官，是典型的北欧画风。施洗者约翰和基督的形象生硬而传统，与极富生机的背景形成强烈反差。帕蒂尼尔似乎还是想很忠实地描绘施洗者约翰的，图中的约翰神情严肃，身裹红色衣布，用左手掬起一汪水向基督的头上浇去。

阿尔布雷希特·阿尔特多费

木板油画
70.5 cm × 37.5 cm
1930 年于奥地利林茨的圣弗洛里安修道院购得

《基督安葬》，1518

身躯的比例和富有动感的眼神赋予这两个人物形象，尤其是圣母更丰富的表现力。除此之外，颜色的鲜活也独具特色，圣母的脸上亦是被渲染得通红。

　　两图均为奥地利林茨附近圣弗洛里安修道院的部分祭坛画，描绘的是基督的安葬和复活。其中八块版绘制的是耶稣受难，另四块的主题是圣塞巴斯蒂安的传说。这两幅主题画被放置在同一个背景中，却是一天中两个不同的时刻。《基督安葬》的光线沉闷而压抑，黑云压城城欲摧，远景似乎是一张俯视图。阿尔特多费的早期作品受阿尔卑斯 – 多瑙河派艺术影响：风景具体细致，气氛颇具魔幻意味。棺木旁的人大多低矮而渺小，这与当时正在梵蒂冈和在西斯廷教堂作画的拉斐尔和米开朗琪罗所描绘的形象大相径庭。阿尔特多费更关注乔尔乔内的色彩和丢勒的线条，除此之外，他便是依靠自己天马行空的幻想和原创来完成自己的作品。

木板油画
70 cm×37.5 cm
1930 年于奥地利林茨的圣弗洛里安修道院购得

阿尔布雷希特·阿尔特多费

《基督复活》，1518

这幅《基督复活》描绘的是基督安葬当天晚上复活的场景。1514—1515 年，阿尔特多费出没于马克西米利安一世宫廷，在那里结识了当时最负盛名的艺术家，其中就包括丢勒和汉斯·布克梅尔。阿尔特多费的画风受到了这些画家耳濡目染的影响。与此同时，受勃艮第地区、骑士传统和宫廷影响的马克西米利安一世文化，也点燃了阿尔特多费奇幻浪漫的精神世界。在法国文学和丰富的宇宙文化图卷的启迪下，这位德国的画家形成了自己独特的魔幻风格。在这幅《基督复活》中，从基督身后升起的光晕照亮了阴暗的苍穹，他脚下半睡半醒的士兵身着精致的甲胄，这一切无不让人联想起法国勃艮第的骑士们。红、灰、白等色彩的衣装一同点燃了画面的活力，而天顶的构造也极具戏剧性和神话意味。

一轮亮度极强的光轮映衬出基督的面庞，后者以胜利的姿态注视着脚下的骑士们。这种视角是颠覆性的原创，与他之前清澈精细的刻画和微型画中较真的技法完全不同。

马布塞

《圣母与圣卢卡》，约 1520

木板油画
34.1 cm × 27.3 cm
来自利奥波德·威廉大公的收藏

圣卢卡曾经画过圣母玛利亚，因此被奉为画家的守护神，他为圣母作肖像画是大多数佛兰德斯艺术家都会涉猎的主题之一。

马布塞笔下的圣母玛利亚被天使所环绕，圣母面容温和、神情专注，怀中抱着圣婴，在书房中供圣卢卡写生。画家对跪姿的人物像尤其拿手，画中的圣卢卡双膝跪地，以便更准确地描绘这对母子。圣卢卡是四位《福音书》传道者之一，因陪同圣保罗游历希腊、罗马和埃及而著名，后者曾亲切地称呼其为"亲爱的医生"。马布塞的作品融合了丢勒、卢卡斯·凡·莱登以及意大利文艺复兴时期的艺术风格和元素。

提香

《刺客》，1520—1522

布面油画
75 cm×67 cm
来自利奥波德·威廉大公的收藏

　　早在 1528 年，马尔坎托尼奥·米歇尔在威尼斯安东尼奥·费尼尔家中看到这幅画时，曾记下"两个决斗者的身影"，并把它列为提香的作品。事实上，在文学作品中经常出现的画名和它所描绘的并不相符。这幅画很有可能描绘的是奥维德《变形记》中的故事：庇比斯的国王潘修斯逮捕了反对其神力的巴克斯。这幅画曾被认为出自乔尔乔内之手，但画面极富张力的戏剧性表达将作者指向提香。

　　在开始创作这幅画前，提香刚完成了在威尼斯弗拉里大教堂的作品《圣母升天》，也正是这些作品，更加稳固了提香在威尼斯画派中的重要地位。在这前后几年里，画家的情感语言开始进入他的作品，他通过富有表现力和张力的线条刻画出不同的人物姿势和神态，很容易让人们联想起米开朗琪罗笔下纪念碑式的人物形象。在这幅画中，光线的运用使得这一效果更为明显，漆黑的背景仿佛要将人物的身体和脸庞融化一般。

巴克斯头戴葡萄叶编织的花环，这也是他的一个重要特征。一头金黄鬈曲的长发和提香笔下另一画作《巴克斯和阿里阿德涅》（现藏于伦敦大英博物馆）中的巴克斯形象无异。

画中潘修斯的愤怒通过拔剑时紧绷的手势惟妙惟肖地传递出来。尽管画面中的人物多以背部示人，但提香还是相当机智地通过对局部和细节的刻画传神地展现两人紧张的冲突和对峙。

画面中持剑男子的手紧紧抓住年轻人的衣领，让人联想起米开朗琪罗笔下人物强健有力的双手。善于调动光线和阴影的提香更是从丢勒那里学到了生动的现实主义表达法，在若隐若现的环境中专心致志地讲着一个又一个故事。

帕尔米贾尼诺

《凸面镜中的自画像》，1523—1524

木板油画
直径 24.4 cm
1608 年来自皇帝鲁道夫二世的收藏

除了选用凸面镜的反射来绘制自画像，帕尔米贾尼诺在这幅颇具创新精神的画中，将紧凑和细致这两大特色很好地结合在了一起。图中的光线非常写实，而人物的手在凸透镜中又被放大拉长，比例发生了错位。此外，人物小手指上的戒指又格外纤小精致。

乔尔乔·瓦萨里在评价帕尔米贾尼诺这幅早期画作时曾大加赞扬道："画风精灵古怪，圆形的凸面镜使镜中的帕尔米贾尼诺本人也变形成圆球状。画家心怀热情，事无巨细地描绘着镜中反射的一切影像，尤其是自己的形象。帕尔米贾尼诺生来就长得一副美人模样，他的脸蛋优雅极了，与其说他是一个人，不如说他是一个天使，外貌非众人可比拟。"

年轻的帕尔米贾尼诺期望以此画向教皇克莱芒七世证明自己的才能，或许同时也暗含其在外貌姿色上对教皇发出的挑战。正是由于构思新颖，这幅画在当时甚至到现在都美名在外，它代表着画家在艺术领域尤其是肖像画领域令人称道的实验主义精神。无论是这幅自画像，还是现今藏于帕尔马国家美术馆的《土耳其女仆》，抑或是现今藏于那不勒斯卡波迪蒙特国家博物馆的《安蒂王》，帕尔米贾尼诺总是能唤起人们对逝去青春的祭奠和对美的向往。

木板油画
36.7 cm × 36.6 cm
购于 1588 年

阿尔布雷希特·丢勒

《约翰·克莱伯格肖像》，1526

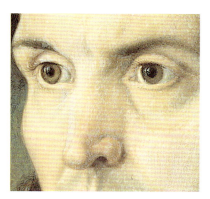

画中的约翰·克莱伯格拥有一头柔软鬈曲的毛发，但他的脸庞与神情让人们极容易想到德国艺术史学家帕诺夫斯基的评论："神情纯粹，富有贵族气息，但还是藏不住满脑子的纠结和伤感。"丢勒在塑造人物形象上既注重美学的表达，又对人物的情绪和心理加以揣摩，以求达到最佳效果。

这是为约翰·克莱伯格晚年创作的小幅肖像画。丢勒虽信奉天主教（旧教），但在改革年代，他对马丁·路德的新教表示了同情与赞成，是后者忠实的追随者。他把这种思想倾向倾注到了自己的绘画中，摒弃了美评家吉洛·多夫勒斯所定义的那种技法：用优雅流畅富有装饰性的风格，来使素朴的画面更生动。

画中的人物约翰·克莱伯格曾经是一名富有的商人和金融家，对炼金术近乎痴迷。他是伟大的人文主义者皮克海默的女婿，也是丢勒的挚友。整幅画像极了刻在硬币上方的胸像画，极富雕塑感。帕诺夫斯基指出，这幅不寻常的人物肖像画很有可能是丢勒受汉斯·伯克迈尔所藏的罗马奖章启发而作，当然也不乏曼特尼亚"十二皇帝金属章"为画家带来的灵感。丢勒在肖像画方面从人物内心着手，用自己特有的方式讲述了大量人物的故事。

洛伦佐·洛托

《圣母子与圣徒》，1527—1529

布面油画
113.5 cm × 152 cm
1660 年被皇室收藏

　　这是洛托非常成熟的一幅作品，创作时间大约在他离开贝加莫的最后几年到重回威尼斯的头几年这个跨度里。在威尼斯，洛托再次接触了提香的作品，但多年的伦巴第生活让他对前者的画风保持相当的距离，此时的洛托已更接近于北欧艺术的风格。事实上，伦巴第地区的自然主义画风常常倾向于与北欧的人物空间布局相结合，譬如丢勒就对通过人群塑造画面颇有兴趣。画面用色鲜艳，高光使得人物脸部、衣褶和远处的景致尤为出挑。画中的圣母背倚粗壮的树干，怀抱圣婴，圣母天蓝的绸裙与她雪白的肌肤相互映衬。艺术史学家伯纳德·贝伦森这样评价道："画面中的光与影在人与景中做着游戏，清风拂面，营造出一幅平静的夏日嬉戏图。"

图左上描绘了一个停在圣母身旁的天使，她正在为圣母佩戴茉莉花编织的头冠。画家极力打造一位外表清纯、优雅而甜美的天使形象，她的衣装轻盈通透，在微风中轻轻浮动，撩拨起多少人心中的涟漪。

图中的雅各伯面貌粗野，手持长棍，身着长袍，双膝跪地，双手合十，为圣母做着祷告，而圣母正专心致志地看着雅各伯。这种对人物目光交流的处理给人以宽慰和感激的心情。

和圣母玛利亚一样，圣凯瑟琳穿得精致而又优雅，绿色衣服上闪烁的金十字架与链子画得尤为巧妙，也折射出画家反古典主义的倾向，寥寥几笔，绘尽所有细节。

老卢卡斯·克拉纳赫

《提着荷罗孚尼首级的犹滴》，约 1530

木板油画
87 cm×56 cm
1615 年购得

画面中血腥的场景似乎并没有影响到犹滴的面部表情。这位富有的犹太女人为了营救被围困的家乡贝图利亚，成功诱惑并谋杀了亚述国王荷罗孚尼。被害人荷罗孚尼深深地爱着犹滴，并为其组织了一场晚宴，晚宴上犹滴趁荷罗孚尼喝醉之际用剑砍下了他的首级。

老克拉纳赫在画中为他心目中的女英雄准备了阔气且现代的装束，以及一顶典雅的插着羽毛的宽檐帽。犹滴服饰上丰富的线条技法，正是老克拉纳赫在维滕贝格腓特烈宫廷创作宫廷画积累的经验所得。老克拉纳赫在宫廷中度过了他的一生，他被授予贵族头衔并得到一枚插着羽翼的小蛇徽章，这些也被画家拿来在其很多作品中落款使用。老克拉纳赫是一位忠实于皇族的天才宫廷画师，在他的作品中多见皇家狩猎和宴会的场面。画面中的犹滴面容与宫廷中的贵妇外貌极其相似，虽然这一外貌曾被画家多次运用到其他女性主题的作品中，如维纳斯、卢克雷齐娅和其他女性肖像画等。撇开空间感的塑造不说，单是光线的运用在这幅作品中就显得相当出色，堪称这幅画的亮点之一。

柯勒乔

《朱庇特与伊俄》，约 1531

布面油画
163.5 cm×74 cm
1601 年由皇帝鲁道夫二世购买

这幅画是柯勒乔创作的一系列画卷之一，是曼图亚的公爵费德里科·贡扎加委托画家为皇帝查理五世创作的油画。在这幅画中，柯勒乔刻画了一个美若天仙的伊俄，她张开双臂迎接众神之王朱庇特的拥抱，后者用乌云遮挡住面容以遮掩他对朱诺的不忠。

1526—1530 年，柯勒乔受命为帕尔马的圆顶大教堂创作《圣母升天》。在升天图中，数不尽的人体被一团绵软的云朵裹挟上升，让人一瞬间忘却了时间和空间。而这一手法也被画者运用到了这幅作品中，在刻画这种魔幻的人物形象时，柯勒乔偏爱用流线来描摹人和物。

奥维德的《变形记》从宇宙混沌开始描写，那里有关于星辰、起源、砂石、植物和动物的神话和传说，最后这些都变成了更高级的物种——人。但在这幅画中，上帝出于对爱的渴望，让自己变成了比人还要低级的物种——云。

画中的云朵被刻画成有形的生灵，仿佛触手可及，也让朱庇特和伊俄的相遇看上去稍稍具象化一些。画中似乎还有上帝的影子，出于对伊俄的尊重，它躲藏在了层层的乌云背后。

在光的运用上，伊俄白色的衣服被处理得尤其闪亮，而周围混沌的色彩反而能映衬出伊俄柔美而粉嫩的身段。

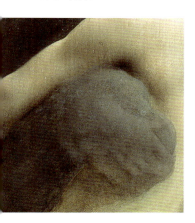

帕尔米贾尼诺

《丘比特制弓》，1532—1533

木板油画
135 cm×65.3 cm
1603 年由皇帝鲁道夫二世收藏于珍宝厅

爱神脚下的两个小孩，一个在愤怒挣扎，一个侧脸注视着前方，或许画者用这两个孩子来隐喻爱情中的双方：一方让爱诞生，一方让爱毁灭。

这幅画作是帕尔米贾尼诺为帕尔马贵族骑士巴亚尔多创作的爱神像，在此期间，帕尔米贾尼诺燃起了对炼金术的强烈热情，这让他的艺术创作颇为分心。瓦萨里曾经这样评价道："他（帕尔米贾尼诺）并没有觉察到他对炼金术的狂热已经在作品中留下了痕迹。尽管如此，虽然他画画的成本不高，但几乎每幅作品还是能给他带来相当丰厚的收益。"

这幅画作的构图尤为特别，象征爱情的爱神丘比特以后背示人，摆出一副削弓的姿态。画面中的人物神态略带性感和轻浮，可以感觉到他们正在注视的人离他们咫尺之遥。在描摹丘比特发型的时候，画家尽量小心翼翼，那一头金色的小卷毛包围着一张甜美的小脸蛋，简直可以称得上是儿童形象的范本。在丘比特腿下有两个小孩，一个笑着抓着另一个人的手去触碰爱神的脚，另一个吓得直哭。帕尔米贾尼诺用自己优雅风趣的画风影响着他学生的作品，而样式主义的发展与成熟也从中得到了不可多得的启发。

木板油画
48 cm×35 cm
1783 年由克里斯蒂安·冯·梅切尔收藏

小汉斯·霍尔拜因

《德克·提比斯像》，1533

　　小霍尔拜因被定义为"第一个来到英国的天才画家"。1526 年，小霍尔拜因来到英国加入了亨利八世的宫廷画师队伍，直至 1543 年感染瘟疫去世。作为老霍尔拜因的儿子，他自小就在父亲的画室接受绘画训练，后同其兄弟安布罗休斯一同在巴塞尔和卢塞恩工作。小霍尔拜因主要以肖像画闻名，事实上，他自小就在技法和人物心理刻画上展现出了非凡的天赋。在这幅画中，商人德克·提比斯正襟危坐，颇显威严。他的左手拿着一封信，桌上打开的信笺上写着他的名字、年龄（33 岁）和画家创作该画的时间。漆黑的背景使画面中的人物更具纪念碑式的雕塑感。而右下方的静物描摹细腻生动，让人不禁联想起佛兰德斯画作中的静物。画家对光线的处理也恰到好处，使人物的衣服和脸庞显得格外清晰。

　　在德国艺术家温克尔曼看来，如果小霍尔拜因学过古典画，那么他甚至可以超过包括拉斐尔和提香在内的意大利同行。事实上，小霍尔拜因很有可能在意大利住过很长一段时间，在那里他接触并学习了传统伦巴第画作在刻画人物和塑造空间上所使用的技法。

盒子和硬币、鹅毛笔和封印，这些都可以让人们轻易辨认出画中人物的商人身份。仔细观察小霍尔拜因的这幅画作，我们可以看出画者在意大利画风和北欧传统技法的融合方面做得非常出色。

扬·范·斯科雷尔

《圣殿中的奉献》，约 1535

木板油画
114 cm × 85 cm
1910 年购入

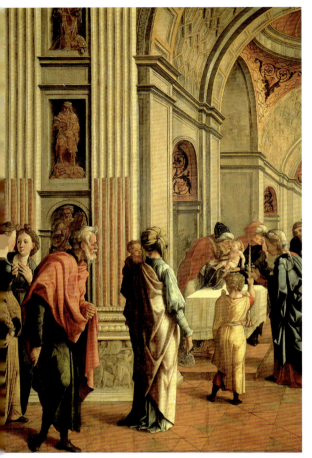

从本画所刻画的建筑可以看出，斯科雷尔从拉斐尔的著名壁画《雅典学院》中汲取了很多经验。受布拉曼特在建筑布局和透视方面的启发，画者将拱顶打造成一个充满魔幻色彩的空间。

这幅画描绘的是圣殿中的奉献。斯科雷尔在罗马的时候，其同乡的教皇哈德良六世曾派他管理望楼的文物，同时他又在梵蒂冈工作过，这就不难理解为何此画中的建筑像极了意大利文艺复兴时期著名建筑师布拉曼特的作品。

画中古典主义风格的圣殿色彩温暖、光线充沛，透视感也极强。斯科雷尔还在德国纽伦堡时就结识了丢勒，受其影响，斯科雷尔对人物的塑造也相当讲究。画中的老人西缅身着神职人员的装束，从圣母手中接过了圣婴耶稣。而一旁的圣母则面容愁苦，对未来略显焦虑。

木板油画
65.5 cm × 47.5 cm
很有可能来自阿伦德尔伯爵的收藏

小汉斯·霍尔拜因

《简·西摩肖像》，1536

沃尔夫霍尔的约翰·西摩的长女简在17岁时（1530年）被召入英国宫廷。她起先是亨利八世的王后凯瑟琳及安妮的侍女，但亨利八世在处死安妮的翌日（1536年5月20日）与她结婚，简生下未来的爱德华六世后，于1537年10月24日去世。

在这幅肖像画中，小霍尔拜因竭尽所能地将女人的服饰细节发挥到极致，从衣服、花边到头饰，无不精巧入微。珠宝点缀着宽边帽、衣领和腰带，主题样式统一却不单调。脖子里戴着宝石装饰的双链，下面一条优雅地垂荡下来。胸口挂着一枚金色镶边的胸针，中间有一行字母"ihs"。虽然服饰华丽，但画面相对朴素，简·西摩沉思的纯朴表情颇为引人注意。她的肤色同象牙一般纯粹，光线微妙地照在她的身上，背影显得十分清晰。

画中的女人两手交叉，左手食指和无名指分别戴着弧面蓝宝石和红宝石，对人物服饰的刻画亦是登峰造极，体现了画者对线条和装饰的兴趣，堪称服装设计史的一个经典范本。

本韦努托·切利尼

《弗朗西斯一世的盐碟》，1540—1543

金和珐琅
31.3 cm×33.5 cm
1596 年收藏于阿姆布拉斯宫

切利尼为自己著书立传，讲述了自己丰富多彩而历经波折的生活和故事。17 岁的时候，切利尼因为与他人打架斗殴而被流放出佛罗伦萨，在博洛尼亚、比萨、锡耶纳和罗马等城市游荡，并在那里跟从金匠学习手工艺术。切利尼也曾为教皇保罗三世做过差事，但不久（1538 年）就因偷窃宝石而被赶出，并被投入圣天使堡服刑。刑满一年后，切利尼来到法国并加入法国国籍。虽然生活跌宕起伏，但这丝毫没有阻碍他施展自己的才华。就连教皇保罗三世也曾说过："像本韦努托这样极有天赋的人才就不应该受法律制约。"

这个金灿灿的盐碟就是切利尼专为弗朗西斯一世打造的，可以盛放盐和胡椒等。海神尼普顿在小船上施舍盐粒，大地女神盖娅坐在他的对面。在切利尼的自传中，他这样诠释这个作品："正如我所说的那样，在这幅作品里，我塑造了海神和大地女神两个角色，他们相向而坐，互相交叉了双腿，就好比是大海与大地共生，相互依存。"这幅作品 2003 年被盗，至今下落不明。

丁托列托

《入浴的苏珊娜》，1555—1556

布面油画
146.6 cm × 193.6 cm
收藏于 1712 年之前

　　这幅画描述了《圣经》中苏珊娜的故事，她的丈夫是一位富有的犹太人，而她的美貌使得两位同郡的长老垂涎欲滴，此画描绘的正是苏珊娜在离开侍女后独自沐浴更衣的场景。画面中两位长者潜伏在两侧，策划一同引诱这位美女同床。在遭到苏珊娜断然拒绝后，恼羞成怒的长老们威胁她，如果不从就诬告她与别人通奸，苏珊娜宁死不屈，在被法庭错判即将接受死刑时，先知但以理通过分开审讯两位长老的方式揭开了事实的真相。

　　这幅画就选取了这个故事中最富画面感的场景进行创作，画中的苏珊娜赤身裸体，浸润在清新自然的环境中。光线如水晶般晶莹，照亮了苏珊娜的全身和她精美绝伦的发型、耳环和手镯，还有如水般清透的绸缎。这种田园牧歌般的画面与两位笨拙长老猥琐地偷窥形成了鲜明的对比。

光线是这幅画中的主角，丁托列托在苏珊娜面前画了一面镜子，用以扩散光线，映射出苏珊娜皎洁白皙的身躯。除此之外，画者还在画中玩起了对比反差的小游戏：光与影、远与近、美与丑，还有心无旁骛的安详与近在咫尺的危险。

花园尽头的布景相当富有舞台感，透视在这里被运用得相当娴熟，为整幅画的构图带来了生机与活力。画面尽头的篱笆和树丛使空间变得狭窄，从而很自然地让位于画面的主体空间。

在刻画梳妆用具等细节方面，画者也是不惜笔墨，每一个静物——梳子、发簪、香膏瓶、珍珠项链等，都非常抓人眼球。

朱塞佩·阿钦博尔多

《夏季》, 1563

木板油画
67 cm × 50.8 cm
1830 年由皇帝鲁道夫二世收藏于珍宝厅

1562 年，神圣罗马帝国皇帝斐迪南一世曾在布拉格这样评价这位米兰画家："朱塞佩·阿钦博尔多是极富创造才能的幻想画师。"后者也在宫廷为马克西米利安一世、鲁道夫二世的后继者创作了无数肖像画。阿钦博尔多也是颇具能力的活动组织家，经常组织一些大型的盛宴、水上嬉戏、庆典以及马上比武等。他的艺术事业起步于挂毯和彩色玻璃装饰设计，当然也当过音乐家和舞台服装设计师，在对宫廷的歌功颂德方面做出了巨大的贡献。他的许多作品具有很强的装饰性，主要运用元素来塑造形象，或者根据季节这一主题来创作。

在这幅以夏季为主题的画中，画家将其用果蔬、花卉塑造人物形象的能力发挥到了极致，而洋蓟做成的衣扣更是点睛之笔。阿钦博尔多的肖像油画作品《四季》由四幅作品组成，描绘了人一生的几个阶段，夏季正是寓意人的青少年，春季代表的是幼年，而秋季和冬季则分别为中年和老年（后三幅画现收藏于巴黎卢浮宫）。阿钦博尔多超凡的想象力和鲜活的画风为现代艺术尤其是超现实主义提供了绝好的范本和经验。

老彼得·勃鲁盖尔

《巴别塔》，1563

木板油画
114 cm × 155 cm
由皇帝鲁道夫二世购买，后被
利奥波德·威廉大公收藏

　　这是勃鲁盖尔（后人称其为老彼得·勃鲁盖尔）的代表作之一，描绘的是圣经故事中的巴别塔场景。故事中一群准备着砖块和沥青的人说道："我们建造一座冲破天际的塔城吧。"上帝得知此事，决定处罚他们：创造了不同的语言，让他们彼此间无法沟通；将他们散布在世界各个角落，以防他们聚集在一起讨论建造塔城的事。画中的巴别塔，不论从外形还是寓意上都与罗马竞技场有相似性，它是古典世界的象征，又是基督徒受难的地方，也隐喻了人类的悲哀——他们无法发挥自己的智慧。事实上，虽然这座巴别塔高耸入云，似乎真的快要触碰天际，但只要再仔细观察便能读懂画家想要传达的讽刺意味：这样的建筑永远不可能完工，也根本不可能存在。一座外部封闭、内部残缺的建筑怎么可能建得起来呢？勃鲁盖尔通过这种天才般的方式描绘了人类的失败与悲哀。

画面局部的人群与整座巴别塔比起来显得渺小和微不足道，这也是画家所要表达的寓意：人类无力与上天抗衡。画家在细节处描绘细腻，甚至连晾晒着的白色床单都看得清楚。

画家似乎并没有把所有精力集中在对庞大建筑的刻画上，巴别塔脚下的舟群亦是刻画得入木三分，而它们则像极了散落在巴别塔周围的渺小的人群，无法与更大的意志相抗衡。

据《圣经》故事记载，巴别塔的总规划师和监理便是率领军队攻占巴比伦的传奇人物宁录。画中的宁录正在视察并指导工人搬砖。

老彼得·勃鲁盖尔

《雪中猎人》, 1565

木板油画
117 cm × 162 cm
尼德兰总督弗朗切斯科·埃内斯托于 1595 年收藏

　　这幅画是勃鲁盖尔创作的月历画系列之一，按照计划本应有六幅，是画家的经典之作，也是他艺术生涯的巅峰之作。1565 年，勃鲁盖尔受人之托为一所位于安特卫普的私人宅邸创作了这一系列画，但并没有完成。这幅画描绘的是冬季，而另五幅画也都是以若干月份作为绘画的主题，它们共同构成了一年中的十二个月。但勃鲁盖尔只创作了五幅画：《雪中猎人》（一月）、《牧归》（十月和十一月）、《灰暗的一天》（二月），这些都收藏在维也纳艺术史博物馆的珍宝厅中；《谷物的收获》（七月），现藏于布拉格国家美术馆中；《收割》（八月），现藏于纽约大都会艺术博物馆中。作为这个系列完成的第一幅画，《雪中猎人》已然成为人们心中描绘冬景的经典。

　　传记作者卡雷尔·范·曼德在描述勃鲁盖尔游历意大利给他所带来的创作灵感时写道："一穿过阿尔卑斯山，他就仿佛要把沿途的景观统统吃了下去一样，继而迫不及待地回家将它们吐出来，倾泻在画板上。"这幅画以俯视为创作视角，目光顺着雪中猎人一路向前便是村庄和阿尔卑斯山。

画中飞翔的鸟儿是画家诗意的表达和体现。它展开双翅飞翔在空旷寂静的天空中，为画面增添了些许纵深和肃杀之感。

画面左下方的猎人们站在高处，眼前的景致豁然开朗。顺着猎人的目光看去，远处的阿尔卑斯山在这一片肃杀凄冷的环境中凝固静止了。

画家创作这幅画的另一主题是表现人与自然的关系。远处田野上的人群漫无目的地四处走动，盼望着春天的脚步赶紧到来。

提香

《雅各布·斯特拉达的画像》，1566—1567

布面油画
125 cm × 95 cm
来自利奥波德·威廉大公的收藏

这幅画似乎描绘的是肖像一瞬间的动作，画中的主人公名叫雅各布·斯特拉达，出生于曼图亚，是提香的朋友。他是一个多才多艺的人，身兼设计师、画家、收藏家和学者等数职，同时也是神圣罗马帝国皇帝斐迪南一世、马克西米利安二世、鲁道夫二世的艺术藏品买手，曾为他们购得数不尽的画作、雕塑、书籍等各类藏品。提香创作这幅画时，斯特拉达很有可能在威尼斯，而他眼神所注视的对象很有可能就是提香，而桌上的四折书信正是寄给画家的。作为斯特拉达的挚友，提香将后者炯炯有神的目光刻画得入木三分，并通过诸如阿弗洛狄忒雕像、画面正上方的书籍等细节透露出斯特拉达的文化趣味。

在提香后期的作品中，他摒弃了对高光的使用，开始更倾向于清透而非紧密的用色习惯。这幅画富有戏剧性的处理也可以代表提香晚年几乎所有画作的风格。

提香在此画中展现了他对细节的超凡掌控能力，譬如肖像人物小心谨慎而热情洋溢地握着一尊裸体塑像，希腊美神阿弗洛狄忒的雕塑也刻画得惟妙惟肖。

木板油画
114 cm × 164 cm
尼德兰总督弗朗西斯科·埃内斯托
于 1594 年购买

老彼得·勃鲁盖尔

《农民的婚礼》，约 1568

画面左下角的男童席地而坐，一个劲地舔舐着碗底，头戴一顶红色毡帽，帽子上插着一根孔雀羽毛。孔雀一般被人们视作永恒的象征，这里即寄予新婚夫妇美好的祝愿。

婚礼上，客人们在一间看似粮仓的屋子里坐下，大部分的画面都围绕这对新婚夫妇展开，整个画面正式严肃却又不乏滑稽元素。坐在高背椅上的是证婚人，他穿着讲究，头戴黑色毡帽，身着毛皮镶边的夹克，为这对新人签订婚约。画面前端的服务生抬着十几碗黄白色的藏红花饭，寓意新婚祝福和对未来大丰收的美好愿景。而墙上交叉悬挂的稻捆寓意多产，也表明婚礼是在大丰收之后举办的。画面最右端佩剑的男子很有可能是画家本人。两个吹风笛的乐手、倒啤酒的侍从，还有挤到门口向里张望的陌生人……所有这些人物设置都为这个盛宴增添了喜气。

老勃鲁盖尔不仅善于刻画人物，在此画中他还用偏斜的角度来取景，塑造了更强烈的空间感和现实感，使欣赏者能够相当容易地被带入画面所描绘的场景中。老勃鲁盖尔所描绘的这一切都是那么井然有序，带有一种天然的欢喜感，他有的是智慧却不带任何戏谑之心，尽量避开那些粗野、丑陋的对象，用诗意的方式向人们慢慢诉尽寻常人家一年四季的生活。

布面油画
102 cm × 136 cm
来自利奥波德·威廉大公的收藏

　　这幅画原本由巴尔托罗梅奥·德拉·纳韦收藏，描绘了一个年轻的寡妇向基督诉说丧子之痛，基督让她的儿子重获了新生，这位母亲跪在基督脚下致谢的场景。在宏伟的庭柱间，围观的人自由散落在各个角落。寡妇和她的陪伴者身着奢华的服饰，光线散落在她们和基督的脸庞上，给人以劫后余生的庆幸和欣喜感，与背景昏暗的天空形成强烈的反差。在画面中，左下方复活的年轻人仍埋没在灰暗的光线里。委罗内塞对人物服饰的刻画颇费心思，整个构图也具有戏剧性。画家在绘制建筑场景时有意略去殿堂的顶部，只描绘建筑的近景部分，从视觉上增强了欣赏者的代入感。

提香

《仙女与牧羊人》，1570

布面油画
149.6 cm×187 cm
来自利奥波德·威廉大公的收藏

画中的两位人物贴得极近，他们俩在混沌的背景中凸显出非常清晰的轮廓。一束亮光照射在两位主人公的身上，仙女侧转起柔软的身体，温柔地注视着欣赏她的观众。

根据德国艺术史学家帕诺夫斯基的诠释，该作品暗指特洛伊王子帕里斯与女神伊诺妮内之间的感情出现破裂。在神话里，女神伊诺妮爱上了特洛伊王子帕里斯，而后者却因爱上了斯巴达王后海伦而将前者抛弃。帕里斯劝诱海伦同他私奔，并抢走了大批财物，把她带到了特洛伊，由此引起了长达十年的特洛伊战争。还有一种说法是画家描绘的是牧羊人和仙女的故事，因为画中的男子手持一支潘神箫，正欲为仙女吹奏一曲音乐。但不管是哪种说法，有一点是肯定的：这幅画是提香画给自己的。

这幅作品创作于画者晚年时期，当时的提香舍弃了样式主义复杂烦琐的装饰性，绘画主题单纯化并加深了心理描写，与乔尔乔内的风格相吻合。在这幅画中，我们已经不再能感受到画家早年清晰的线条和明确的样式，画面呈现模糊、稀薄和诗意的境界。

布面油画
143 cm × 289 cm
购于 1649 年

保罗·委罗内塞及助手

《基督与撒玛利亚妇人》，1585—1586

本作品属于一批取材于旧约和新约故事的画作之一，该系列作品共描述了十个故事，现分别收藏于维也纳、华盛顿和布拉格的博物馆中。这幅画中，基督坐在汲水井栏一头，另一头的撒玛利亚女人正在打水。委罗内塞笔下的她身躯微微向前倾斜，衣袍的褶子线条清晰、色调明快。她蓝绿色的长裙在光束的映射下泛着金黄

远处地平线上成群行走的三个人，笔触流畅轻快，虽是一笔带过，却成功为画面平静与高贵的氛围加分不少。

色的光彩，透出一股优雅而高贵的气息。与撒玛利亚女人的"动"相呼应的是基督向前伸出的手臂，他纤细的手指略微下垂，似乎正在念着祷告："无论谁喝这儿的水都还会再次口渴，但喝了我奉上的水就再也不会口渴。"

安尼巴莱·卡拉奇

《阿多尼斯发现维纳斯》，约 1595

　　卡拉奇的兄长和叔父都是画家，但在卡拉奇家族，安尼巴莱·卡拉奇确实是最令人骄傲的艺术家。出生于博洛尼亚的他早年就在素描和色彩方面崭露头角，与此同时，他还极富创新精神。他的艺术事业起步于家乡博洛尼亚，他与兄长、叔父创办了一所著名的美术学院，在那里他们受意大利北方样式主义风格的影响，创造了许多装饰性很强的作品。安尼巴莱·卡拉奇随后于 1583 年到 1586 年游历帕尔马、威尼斯和托斯卡纳地区，他的艺术水平也在那些年里有了质的提高。

　　在研习了古典主义作品和包括拉斐尔、米开朗琪罗、柯勒乔以及提香在内的大师画作后，安尼巴莱·卡拉奇的绘画语言出现了很大的转变。同时，受威尼斯画风的影响，他的作品在色彩和光线的表达上更趋成熟；而在处理戏剧性的主题时亦能捕捉到提香、委罗内塞和丁托列托的影子。

卡拉瓦乔

《圣咏圣母》，1606—1607

布面油画
364 cm×249 cm
1781 年成为皇帝约瑟夫二世的藏品

1606 年 5 月 26 日，卡拉瓦乔在争斗时杀死了一个年轻人，由此他逃离了罗马，幸运的是，在他的逃亡途中从来不缺少庇护他的人。之后，卡拉瓦乔暂居蒙德拉贡公爵之子路易吉·卡拉法的宅邸。受卡拉法之托，卡拉瓦乔为他家的教堂创作了这幅《圣咏圣母》。而这幅画后来并没有派上用处，1607 年，它被辗转卖给一名叫路易斯·芬森的佛兰德斯画家。

如果说卡拉瓦乔的很多画作被从教堂或祭坛移除的理由是内容轻浮和不合时宜，那么这幅《圣咏圣母》则丝毫不存在这样的问题，除却画中前排那位祈求念珠的男子脚上肮脏的尘土，《圣咏圣母》描绘的主题纯洁而神圣。这幅画的构造极富戏剧性，身着严肃服饰的圣多明我会的修道士在颁发念珠，门前的红色幕布高高地悬挂着，下面站立着身着便装、怀抱基督的圣母。

圣母和圣子被从左边打来的光线照得通明，这种明暗对照法充分体现了卡拉瓦乔所坚持的美学，与此同时，他摒弃了样式主义繁杂的装饰，对人物的精准写实几近苛求。

圣多明我会的圣彼得经常以头颅插剑的形象示人。他以敢于同异教徒斗争而闻名，后为异教徒的追随者所害。

在光与影中，画家巧妙地刻画了一双又一双求索念珠的手。在光影中，这些手的轮廓显得异常清晰，是整幅画现实主义风格的代表，也是最能触动欣赏者心灵的部分。

布面油画
209 cm × 284 cm
1685 年收藏于布拉格

　　四个女人表示四大陆，四个男人表示代表这四大洲最著名的四大河：左边欧洲与古老的多瑙河相拥；右前方为亚洲与恒河；中间被画成黑皮肤的女人代表非洲，被半躺在旁边的尼罗河所拥抱；其后为最年轻的美洲，拥有一头顺滑的秀发，头顶是亚马孙河。人物刚劲的线条和健壮的轮廓让人想起米开朗琪罗的作品，而豪华的色彩则让人不禁与威尼斯画派联系在一起，鲁本斯将这些元素巧妙地结合到了一起，赋予画面充满动感的活力和一些色情倾向。

受哥白尼"日心说"的启发，鲁本斯将代表非洲的黑人放在画面中央，为了表达这样一个理念：包括人类在内的宇宙每一个组成部分都有自己存在的价值，都是美好的。

代表欧洲的女子头上戴着一个细致的花环，而代表多瑙河的男子则手拄一杆乐器，象征欧洲同样也是孕育艺术的摇篮。

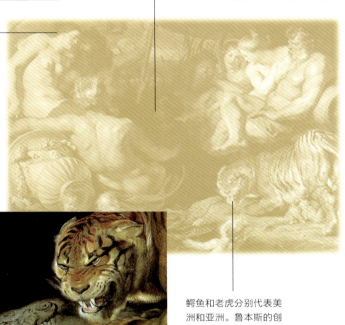

鳄鱼和老虎分别代表美洲和亚洲。鲁本斯的创新之处在于，在画油画前并不需要先用炭笔打底稿，在直接使用颜料的过程中，他随心所欲地和光、色与形玩耍，享受即兴创作所带来的乐趣。

鲁本斯

《圣母升天》，约 1614

木板油画
458 cm × 297 cm
1776 年从安特卫普耶稣会教堂购得

在死后第三天，圣母玛利亚带着肉身和灵魂，在小天使们的簇拥下向天上飞升。画中的小天使们极容易让人们想起鲁本斯在很久以前为特雷维索大教堂创作的另一幅湿壁画。

这幅巨大的圣母升天作品来自安特卫普耶稣会教堂，创作时间大约在 1614 年，很有可能是订制画。1620 年，鲁本斯为耶稣会教堂拱顶做装饰设计，创作了包括这幅作品和其他 39 幅油画草图，剩下的工作由安东尼·凡·戴克组织协调，并由他们的学徒负责完成。所以事实上，真正参与完成绘画的是这些学徒，尤其是下面的部分。

鲁本斯通过这幅结构复杂且篇幅庞大的作品，向世人证明了无论是静物画还是动态的画面，抑或是宗教的还是世俗的主题，他都具备极好的素质去驾驭它们。1718 年，安特卫普耶稣会教堂遭遇一场大火袭击，现在，我们只能看到幸存下来的这幅画和其他一些珍贵的草图。

布面油画
106.5 cm × 143.5 cm
1720 年的收藏

圭尔奇诺

《浪子回头》，1619

从这位老父亲的脸上，我们能够看出画家本人的秉性，正如歌德在《意大利旅行》中描写圭尔奇诺的那样：他是一个含蓄正直的画家，健硕但毫不粗野，他的作品凸显了善良、优雅等美德，平和而又包容。

这幅画是 1619 年圭尔奇诺在费拉拉期间，为雷加特红衣主教雅各布·塞拉绘制的，讲述了《福音书》里的一个故事：兄弟两人中的弟弟离开家到处游荡，花尽了父亲给他的所有积蓄，落魄街头，最后终于返回家乡，接受父亲期盼已久的怀抱。画中用来表达忏悔与原谅的绘画语言，同卡拉瓦乔作品中使用的方式几乎一模一样，尤其是动态的光线和笔触，引领了整幅画面的基调。画中人物的双手与双臂相互交织，极富有动感，就仿佛是同一个人的双手和双臂一样。画者曾与路德维克·卡拉奇在博洛尼亚相识相交，这也就很好地解释了，这幅画中除了现实主义和自然主义，我们还能够捕捉到颇具广度和动感的厚重之美。画面的视觉效果也得益于画者对光影的处理，父子俩充满褶皱的衣衫充分吸收了光线并反射向人物的脸庞，使肖像的画面感更加集中和清晰。

圭多·雷尼

《基督受洗》，1623

布面油画
263.5 cm×186.5 cm
购于 1649 年

在主教阿古奇看来，圭多·雷尼属于这样一类画家："他们并不仅仅满足于模仿千篇一律的人物，而是更愿意将美赋予所有的形象。他们刻画人物并不是追求像什么，而是更在意本来他们应该是什么样子。"雷尼最早是在卡拉奇的学院接受的艺术培训，在那里，他努力学习卡拉瓦乔的构图，并通过现实主义来表达夸张的戏剧性，以此更加深入探寻古代世界，现藏于博洛尼亚美术馆的《对无辜者的屠杀》也可以

雷尼严格按照《圣经》所描述的来创作该画，画面中的施洗约翰端着一个盛满水的浅口碗倒向基督的头顶，根据《圣经》故事，受洗基督"从水中走了出来，拨开云层，看到圣灵像鸽子一般飞了下来，停在了他的身上"。

印证他的这一努力和尝试。与此同时，雷尼在旅居罗马期间的画风频频传达出对理想之美的渴望，这在《基督受洗》的画面中可以感受得到。受意大利文艺复兴艺术的影响，雷尼成功地赋予这幅画美的律动与妥善的构图，美丽的光与色在晃动，天使们不安而动人的表情更给此画增添了些许微妙的感觉。

木板油画
147 cm×209 cm
来自利奥波德·威廉大公的收藏

鲁本斯

《暴风雨》，约 1624

在鲁本斯所刻画的场景中，暴风雨高潮已过，天边隐约升起一道彩虹。在这幅画中，鲁本斯淋漓尽致地发挥了在当时还不怎么常见的虚拟主义，这在之后的艺术家眼中被看作浪漫主义的雏形。

　　这是一幅典型的 17 世纪风景画，与此风格近似的还有提香、丁托列托、布里尔和埃尔斯海默的风景画。右边的人物为朱庇特与信使神墨丘利，还有菲利门与巴乌希斯。根据奥维德的《变形记》中记载的故事，菲利门与巴乌希斯夫妇款待了乔装为旅客的两位天神，故虽受暴风雨袭击，但他们的小屋完好如初，并被点化为神殿，因而这幅画又叫《风景与菲利门和巴乌希斯》。

　　这些充满佛兰德斯风格的风景在这幅画中透着一股戏剧般的诗意，暴风雨吹得树木发出悲鸣，左下角的一头牛也被卡在了树干间，随着大水向下冲，最左边还可以看到抱着小孩的妇女和紧紧搂着树干的男子。在这幅画中，鲁本斯展现了他强劲的写实和创作风景状物的能力，对于这样的主题，鲁本斯具备很好的素质去驾驭它们。

安东尼·凡·戴克

《参孙被俘》，1628—1630

布面油画
146 cm × 254 cm
来自利奥波德·威廉大公的收藏

　　这幅描绘参孙被抓捕的油画是凡·戴克刚从意大利回国的时候创作的，他在意大利待了整整七年。在那段时间里，凡·戴克将自己全身心地浸润在威尼斯画派和以丁托列托、委罗内塞，尤其是提香为代表的意大利大师的作品中，并且描摹了相当一部分名家的草图。《凡·戴克》一书的作者霍夫斯泰德这样写道："提香的节制和精湛的心理描摹，使追求冲撞和戏剧性场面的凡·戴克转变成一位擅长琢磨人物内心情感的画师。正是这段长达七年的意大利之行，使凡·戴克远离了自己心目中一度最理想的导师鲁本斯。"

　　尽管鲁本斯能够为凡·戴克提供描摹人物肖像极好的范例，但是塑造人物内心却要依靠凡·戴克自己去揣摩和学习。在这幅画中，凡·戴克并没有将过多的笔墨浪费在参孙和以色列法官以及腓力士人的斗争和推搡中，相反，他将画面主体让位于参孙和达丽拉的纠缠和抗争，这位美貌的女子受到腓力士人的收买，将深爱着她的参孙出卖了。参孙在被抓捕时，达丽拉一只手紧张地抓着裙摆，表现出深深的内疚和遗憾。

两人的双臂相互撕扯，紧紧
地交织在一起，颇似米开朗
琪罗和朱里奥·罗马诺惯用
的艺术手法，而那刚劲有力
的臂膀又使人想起古代雕塑
中的男子造型。

提香的烙印在女子的裙
摆上展现得一览无余：
精致清透的裙摆上布满
了细小的褶皱，我们似
乎还能感受到达丽拉的
双手在不停地颤抖。

此时的达丽拉十分清楚她这
一背叛举动将带来什么样的
后果，即便是在真相大白之
时，她还是忍不住深情地望
一眼参孙。她内心受尽了折
磨，左下角的小狗作为婚姻
忠贞的象征即能很好地说明
这一点。

113

安东尼·凡·戴克

《尼古拉斯·拉尼尔像》，1632—1633

布面油画
111.5 cm × 86.5 cm
原为英国国王查理一世的宫廷收藏
1649 年由拉尼尔购得

　　1620—1621 年间，凡·戴克初次造访英国，1632 年旧地重游，直至终老。是年 7 月 5 日，凡·戴克成为英国国王查理一世和玛利亚女王的御用画师，后者还是凡·戴克的追崇者。1633 年 4 月 20 日，查理一世赠予凡·戴克一条镶满宝石的金链，他的弟弟也成为宫廷教堂的神父。不久之后，凡·戴克得到了一笔丰厚的退休金，并于 1634 年在埃勒维伊特买下了宫廷用以消遣玩乐的赫特斯滕堡的一部分，而鲁本斯后来成了这里的主人。尼古拉斯·拉尼尔是查理一世的宫廷音乐家，波旁复辟后服务于查理二世，他是一个多才多艺的能人，还擅长蚀刻画和绘画收藏，经常奉命采购宫廷御用艺术品。画家在此把这个音乐家画成朝臣，并赋予他充满威严的仪态，除此之外，画家对人物内心的刻画也毫不懈怠。

尼古拉斯·普桑

《征服耶路撒冷》，1638—1639

布面油画
147 cm × 198.5 cm
1835 年成为宫廷收藏

　　1643 年，尼古拉斯·普桑曾在给收藏家和作家保罗·弗雷亚尔的信中这样写道："真正完美的东西是不可能看一眼就能辨识出来的，需要时间、客观的角度和智慧。所以，欣赏品评和创作对审美的要求是一样的。"早先普桑曾经为糊口绘制了古罗马三场战役，每一幅画卖六个金币，如今，这三幅画分别藏于俄罗斯圣彼得堡的艾尔米塔什博物馆、普希金博物馆和梵蒂冈博物馆。这幅画中的人群骚动不安，整体来看极富雕塑感，而普桑对光线的钻研在这幅作品里也得到了施展。正如他早年创作的那三幅战争题材的画一样，这幅画亦是将人和物置于戏剧场景中：远近法的构图给古建筑的正确再现提供了可能，这种构图亦使近景得到了强调。这幅画是红衣主教弗朗切斯科·巴尔贝里尼订制的，用以赠送给驻罗马的奥地利大使艾根堡公爵。

普桑似乎是想还原古希腊或古罗马建筑的形态，这一奇思妙想使画者在运用透视法绘图时更好地赋予笔下的建筑以宏大、壮丽的特征。

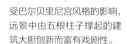

受巴尔贝里尼宫风格的影响，远景中由五根柱子撑起的建筑大胆创新而富有戏剧性。

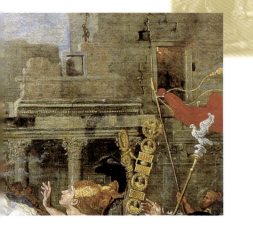

马背上的正是攻入耶路撒冷的提图斯。根据法国哲学家笛卡尔的学说，普桑认为"画代表人类的行为"，也正基于此，我们便能很好地理解为什么普桑尤其偏爱以历史和《圣经》故事为主题且极富戏剧色彩和冲突感的创作。

伦勃朗

《画家的母亲》，1639

木板油画
79.5 cm×61.7 cm
1772 年由布拉迪斯拉发城堡转移至维也纳珍宝厅

画家对老人面部细节的刻画费尽心思：母亲的眼神疲倦，眼圈红肿却仍富有生机，脸庞瘦削，线条厚重，额部绘有高光。

    该画描绘的是伦勃朗年迈的母亲，一年之后，即 1640 年，伦勃朗的母亲便溘然长逝。伦勃朗通过明暗法和色彩传达了内心悲伤和痛苦的情感。伦勃朗的母亲双手吃力地叠放在拐杖上，很多人都将这个形象视为年迈体衰的象征。很多人指出，在伦勃朗创作的女预言家安娜的形象中看到了这位母亲的影子。17 世纪上半叶，分属不同门派的欧洲画家在艺术创作时力求展现肖像和物品的客观性和现实性，对色彩和光线的把握做到十全十美，而这种期望让画家在处理较为朴素的主题或是转瞬即逝的画面时感到有些力不从心。根据伦勃朗的习惯，在创作肖像画时，他尽量将人物放在近景位置，这样人们在欣赏画作的时候能感受到与画中的人物同在。他大批的肖像画均非意在展现人物的美丽和风采，而是遵循事物发展的本原，记录真实的画面。

木板油画
123 cm × 163 cm
利奥波德·威廉大公订制，1685 年藏于布拉格

小戴维·特尼尔斯

《在私家美术馆的利奥波德·威廉大公》，约 1651

17 世纪的荷兰非常流行美术馆室内写实画。这幅画中正在玩弄一块木头的两条幼犬承载着画家所想表达的某种道德观，即向他的雇佣人利奥波德·威廉大公表示忠诚。

虽然在父亲的画室学习了很长一段时间，小戴维·特尼尔斯还是受安特卫普画家约尔丹斯、鲁本斯和凡·戴克的影响更深些，与此同时，他还追随老彼得·勃鲁盖尔的绘画足迹进行创作，后者在 16 世纪流行的风俗画基础上做了进一步的深入和升华。小戴维·特尼尔斯娶了老勃鲁盖尔的女儿，而他们的证婚人正是鲁本斯。受鲁本斯的影响，这位佛兰德斯大师主要从事风景、静物主题的绘画，当然还有一些宗教类题材。

1647 年，特尼尔斯成为利奥波德·威廉大公私人美术馆的管理员，在此期间，他创作了这幅展示大公丰富画藏的巨作，其中还增添了几幅新作，借利奥波德·威廉大公来视察之机向后者展示成果。在这幅作品中共有 51 幅画中画，其中大部分作品如今都收藏于维也纳艺术史博物馆。利奥波德·威廉大公是哈布斯堡王朝最重要的收藏家，他的一生收藏了数不尽的名家画藏。1648 年英国爆发资产阶级革命，从英王室流出的大量艺术珍品通过买卖交易流入了利奥波德·威廉大公的手中。

119

伦勃朗

布面油画
70.5 cm × 64 cm
收藏于 1720 年

《阅读的提图斯》，1655—1657

伦勃朗在对书籍的描摹上非常用心，笔触既轻快又踏实。除了伦勃朗扎实的想象和视觉功底，画面中光与影的交错更赋予了画者驾驭象征主义的能力。

　　在这幅描绘儿子提图斯日常生活的画中，提图斯正神情专注地阅读着手中的书卷。人物的衣装同伦勃朗创作的其他肖像一样简洁朴素，头上戴着一顶柔软的帽子。根据推测，当时的情景很有可能是提图斯正在学习或者在工作，还没有换便装便被父亲叫来当模特，但也有可能是伦勃朗脑中构思的场景。提图斯生于 1641 年，是伦勃朗第四个也是唯一一个长大成人的孩子，伦勃朗视其为掌上明珠。这幅画创作的背景是，当时伦勃朗在阿姆斯特丹的资助者一一离他而去，他陷入了严重的财政危机，不得不变卖家产还债。

　　在这幅画中，伦勃朗运用光线和明暗对比，将提图斯从嘴到前额到鬓角和手腕的线条刻画得清晰有力。尽管 17 世纪四五十年代是伦勃朗人生中最为艰难的阶段（他的妻子在生了提图斯后一年便染肺结核去世），但也正是这几年，他的绘画技法和创造力达到了艺术生涯的高峰。

木板油画
66 cm × 53 cm
收藏于 1942 年

伦勃朗

《自画像》，约 1657

尽管画作被截掉了一部分，但仍然是伦勃朗一生中最重要的画作之一。1650 年前后，由于英荷之争和威廉二世当时采取的一些不合时宜的对内政策，荷兰正经历着一场贸易危机。在这个背景下，不仅仅是伦勃朗，好多艺术家的资助人和商人纷纷陷入财政困境。伦勃朗因此不得不拍卖画作与珍藏用以还债，多达 363 件拍卖品中不乏油画、罗马时期的古玩、

充满异国风情的服饰、东方国家的甲胄武器以及其他一些可以激发他创作灵感的不同寻常的小物件。在艺术生涯初期，伦勃朗每每作画时都会身着一套华丽的服装，而现如今，可供选择的只剩下普通的棕色工装，映衬出画中人物庄重严肃的神情。稠密的笔触将人物柔软的帽檐和浓密的鬓发交织在了一起，极富线条感，又不缺表现力。除了技法上的娴熟，我们不难读出画者深入人心的情感表达和自省能力。

在伦勃朗看来，面相的真实性与视觉观察同样重要。画家在创作这幅自画像的时候，有可能故意将自己的面容画得比实际年龄要偏大。

委拉斯开兹

布面油画
127 cm × 107 cm
1659 年收藏于维也纳宫廷

《穿蓝色裙子的玛格丽特公主》，1659

在作品中，委拉斯开兹小心翼翼地刻画了玛格丽特公主捏着皮毛披肩的小手。委拉斯开兹通过对各种与其地位相称的物件的描摹，凸显出幼年公主的尊贵和优雅。

    西班牙与奥地利哈布斯堡家族关系紧密，身为西班牙人的委拉斯开兹为维也纳宫廷创作了一系列画像。1654 年，委拉斯开兹为玛格丽特公主创作了第一幅肖像画，那个时候的她还只有三岁。委拉斯开兹去世前一年，又为她创作了这幅肖像画，后由委拉斯开兹的学生马佐接手完成。公主深蓝的天鹅绒裙子和丝绸上衣占据了大部分画面。委拉斯开兹用他神奇的绘画技法和对光线、色彩的掌控能力，描绘了公主硕大厚重的衣装和裙摆、皮毛披肩、发型头饰和刚上完淡妆的小脸蛋，真正一副哈布斯堡公主的模样。公主洁白的肤色与深棕色的背景幕墙形成了强烈反差。玛格丽特公主有一个妹妹菲利普·普罗斯佩罗，后者的肖像画亦藏于维也纳。在腓力四世的宫廷里，委拉斯开兹为那里上到王宫贵族下到侍卫佣人创作了一系列肖像画。

布面油画
128.5 cm×99.5 cm
1659 年收藏于维也纳宫廷

委拉斯开兹

《腓力·普罗斯佩罗王子》，1659

白色的幼犬慵懒地依伏在天鹅绒面的椅子上，为画面增添了热烈而诙谐的气氛。

委拉斯开兹短促的笔触技法为后世的印象主义提供了借鉴。

　　委拉斯开兹 1659 年将这幅《腓力·普罗斯佩罗王子》和《穿蓝色裙子的玛格丽特公主》一同赠送给维也纳宫廷。作为腓力四世和玛丽安娜的儿子，普罗斯佩罗王子在委拉斯开兹创作完该画后的第三年（也就是 1661 年）就夭折了。画面里，身体孱弱的他身着一套挂满铃铛和护身符的裙装，尽管如此，在病魔面前，他还是难逃厄运。套在红色衣服外面的白色裙兜细腻轻盈，在光线的照射下显得优雅和尊贵。普罗斯佩罗王子所摆的姿势与其他宫廷画作中的人物无异：站在一把椅子旁边，一手搭在椅背上，红色的天鹅绒坐垫上躺着一条幼犬。幼年王子脸上的微光和他一丝忧愁或拘谨的神色，似乎暗示着主人公即将走向生命的尽头。大面积的白色不仅赋予主人公惨白的神色，更是画者风烛残年的真实内心写照。这幅画见证了委拉斯开兹娴熟的技巧和成熟的画风，也是为数不多通过悲情的方式将情感、心理状态和忧虑的感受融合在一起的佳作。

圭多·卡尼亚奇

《克利奥帕特拉之死》，1659—1661

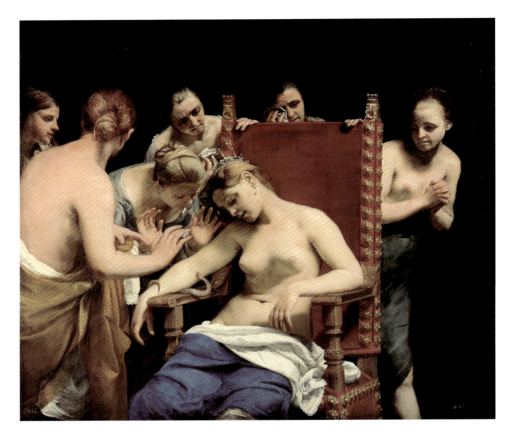

　　1658年，卡尼亚奇应利奥波德一世之邀前往维也纳担任宫廷画师，直到终老。在此之前，他曾居住在意大利的威尼斯和博洛尼亚，在那里，他同圭多·雷尼共事合作。卡尼亚奇为利奥波德一世创作了这幅描绘传奇故事的《克利奥帕特拉之死》，画中的克利奥帕特拉死于毒蛇的叮咬，这一主题在几个世纪以来一直被文学界、音乐界和艺术界追捧。这幅画略带色欲元素，威尼斯画派的用色和卡拉瓦乔对光影的处理也在这幅画上展现得一览无余，而所有这些特色，统统让位于画面所传递出的古典主义风情和弥漫开来的忧伤与悲痛。卡尼亚奇根据传说里的描写刻画了一位绝美的性感女王。受威尼斯画风的影响，画面主要呈现蓝、红、白三种颜色，光线照在围观者悲伤的脸庞上，静谧的忧伤慢慢弥散到空气中来。

赫拉德 · 特博赫

《削苹果的女人》，约 1661

木板油画
36.3 cm×30.7 cm
1780 年购得

特博赫的父亲是一位知名度很高的画家，他从小就在他父亲的画室接受美术启蒙训练。15 岁的时候特博赫只身来到阿姆斯特丹学习绘画，三年后，他前往哈勒姆，在当地注册成为行会画师。特博赫还是一位好奇心极强的旅游爱好者，在欧洲旅行期间，他为很多名人和商贾作画，并经常出没于各个艺术中心。他在伦敦、罗马和西班牙的经历丰富了他的创作灵感和体验，他的艺术作品也由此颇具原创性和辨识度。

17 世纪 40 年代，特博赫开始通过风俗画描绘日常生活的种种场景，正如这幅画所展现的那样：通过写实的记录，特博赫再现了那个年代荷兰的寻常百姓家。根据推测，画中的女性很有可能是画家的姐姐，她的形象经常出现在特博赫的肖像画中。这对母女面前的桌上摆放着一盆苹果，一条形态优雅的苹果皮，单取出这一局部画面便可称得上是一幅完美的静物画。整幅画传递出一种微妙的情感，女孩好奇的眼神和母亲漠然的神态让人们隐约体察到一丝难言的忧郁。

扬·斯滕

《颠倒的世界》，1663

布面油画
105 cm × 145 cm
1780 年购得

　　这幅画右下角的荷兰文题款为"身在乱世请自持"。画中的女主人（坐在餐桌边）在酒精的作用下进入了睡眠状态，全然不知周围发生了什么。小孩子们打开碗柜、吸着水烟、玩着妈妈的珍珠项链；右上角的猴子拉扯着挂钟的钟摆，一只鸭子站在客人的肩膀上；男主人姿势放荡任由妓女诱惑，后者正对前方，向注视她的人使着眼色；天花板上吊下来一只装满奇怪物品的篮子，篮子里的剑与手杖似乎暗示那些尽情挥霍财富的人即将面临灾祸。在这幅画里，每个人都随意地做着自己想做的事，由此我们可以看出，斯滕不仅是位伟大的叙事者，更是一个能够轻松拿捏各种特征材料的能人，玻璃、生活用具、布绸和皮毛等，都不在话下。除此之外，斯滕对细节的描写也颇具才能，凌乱的陈设结构在他的笔下显得分外紧凑而合理，而他对光线的处理更丰富了人物的面部表达。

小狗爬上了餐桌，正悄然吃着东西。斯滕画笔下的家庭从来都不缺动物和小孩这两大角色。在这幅画里，小孩子们模仿大人的模样随心所欲地干着各种奇怪的事。事实上，斯滕在谈及他另一幅画作时曾表示："近朱者赤，近墨者黑。"

有句意大利谚语："酒都是骗子。"这句话放在这幅画中也相当正确。女主人喝得不省人事，不知道家中竟有如此混乱的场景；而男主人亦是醉后轻浮，对周围的女人动手动脚。从这里我们可以看出斯滕是一个很有道德观念的画家，当然，也是一个有趣的看客。

这里的猪不仅是贪婪、好色的象征，在这里还使人想起这样一句谚语："不要把好的东西送给贪婪的人。"

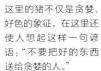

扬·维米尔

《绘画的寓言》，1665—1666

木板油画
120 cm × 100 cm
1946 年购得

　　本画的含义十分令人费解，一说是维米尔为意大利学者切萨雷·里帕写的书《肖像学》所画的封面图，该书于 1603 年初版，1644 年被译成荷兰语。因为画面中年轻女子手拿一本书和一支小号，头上戴着桂冠，故有研究称她是克里俄——缪斯九女神之一，专司历史，抑或代表通过艺术所追逐到的好名声。维米尔可能希望通过这幅画传达这样一个意思：绘画在艺术领域拥有绝对的优势和至高无上的地位。地上黑白相间的石料地板具有极强的透视感。莎士比亚曾经提过"戏中戏"的概念，维米尔在这里似乎也要传达"画中画"的趣味。

　　硕大的落地窗帘被拉开，一缕阳光洒进房间，整个房间充满了符号与象征学的韵味。画家超群的绘画才能，赋予画作独特的视觉表现，这得益于他对各种艺术形式的钻研。

这盏精致奢华的吊灯足以反映出维米尔超群的绘画才能。图中独特的视觉表现是画者智慧的结晶，而得益于他在科学方面的钻研，这一细节被赋予了更加理性的解读。

桌上陈列着象征雕刻和悲喜剧的面具以及一本打开着的书籍，暗喻建筑艺术，据称这是维米尔对各种艺术形式的类比和对比，而在画家眼中，绘画永远是最重要的艺术表现形式。

维米尔寥寥几笔刻画了艺术家蓬松的头发，他神情专注地沉浸在现场作画的紧张氛围中，正如维米尔一样。

提埃坡罗

布面油画
383 cm × 182 cm
1930 年购得

《执政官布鲁图之死》，1728—1730

18 世纪末，提埃坡罗为威尼斯多尔芬宫的主殿绘制了十幅装饰画。1725—1730 年间，在多尔芬家族的资助下，提埃坡罗同时为威尼斯多尔芬宫和乌迪内大主教宫殿绘制壁画。1726 年，对绘画和装饰艺术都极为在行的乔瓦尼·多尔芬，邀请提埃坡罗为威尼斯多尔芬宫主殿绘制十幅装饰画，乔瓦尼·多尔芬曾这样写道："上帝赋予我生命，我就要让最有才干的艺术家作画来献给上帝。"

这一组以宣扬忠贞美德和英雄神话的系列画后来散落在列宁格勒（圣彼得堡）、纽约和维也纳，因而如今的多尔芬宫已鲜有这位大师的作品。通过强烈的明暗对比法，提埃坡罗叙述了罗马执政官布鲁图的牺牲，以及伊图鲁里亚人阿伦特参与的一场决斗，颂扬了罗马人的威武，也暗中影射威尼斯家族。

伊图鲁里亚人阿伦特受伤致死躺在地上，提埃坡罗在创作时将真实情况与艺术创作厘清，为了制造戏剧性的效果，画家超越了事实真相，为欣赏者创造了一个引人入胜的虚拟场景。

布面油画
129 cm × 127 cm
1935 年由哈拉赫伯爵家族捐赠

弗朗切斯科·索利梅纳

《提着荷罗孚尼首级的犹滴》，1728—1733

这幅画描绘了犹滴手提荷罗孚尼首级的场景，极易使人想起文艺复兴时期关于参孙和达利拉的故事。与其说这幅画意在传递胜利的喜悦，不如说索利梅纳想暗喻女人给男人带来的不幸。

弗朗切斯科·索利梅纳早年在父亲那不勒斯的画室中完成了绘画基础训练，当时那不勒斯受奥地利统治。1707—1734 年是画家事业上蓬勃发展的阶段，这主要得益于来自当地贵族和宗教界的大量艺术订单。当时的那不勒斯艺术界以卢卡·焦尔达诺最为出名，他对光线的热衷给索利梅纳带来了极大的影响。此后，索利梅纳又在颜色上下了一番心思，这对他塑造宏大的场面颇有裨益。在这幅画中，画家将建筑摆放在画面中央，为远景画面让出更多的空间，而在近景处预留了台阶的位置，使人物布局更加从容并凸显出提着荷罗孚尼首级的犹滴。这幅作品的画面即时感很强，处处洋溢着胜利的喜悦和动感。

卡纳莱托

《海关风景》，1738—1740

布面油画
46 cm×63.4 cm
1918 年购得

海岸另一边便是著名的威尼斯圣乔治·马焦雷教堂。画面笔触轻巧精练，近景和远景中的建筑物呈白色和赭石色，反射着明媚的光亮。画家娴熟的技法提升了建筑物的美感，也使天空和海水显得更加透明清澈。

1740 年，列支敦士登的约瑟夫·文塞斯劳公爵购买了卡纳莱托一系列的风景画，这幅画便属于该系列。卡纳莱托的作品光线明快，构图清晰准确且富有纵深感，善于渲染氛围。这幅画画风单纯明快，人物、帆船和贡多拉船栩栩如生。在那个年代，意大利艺术家在室内装饰和壁画方面名声大噪，与此同时，在威尼斯，

一所培养风景画艺术家的学校应运而生。在这个背景下，卡纳莱托作为透视风景画派画家，为这座被视为启蒙运动文化中心之一的城市做了不少贡献。在这幅画中，卡纳莱托展现了非凡的洞察力：大运河上隐约的地平线并没有埋没远处的楼房和风景，反倒是进一步将这些景致轻轻地推进人们的视野。此外，画中所营造出的氛围也颇具诗意。

布面油画
135 cm × 213 cm
皇家收藏

贝尔纳多·贝洛托

《从美景宫远眺维也纳城》，1759—1761

下美景宫内的狮身
人面像象征对抗武
力的智慧的结晶。
本图细节写实精准，
具有几何学魅力，
与画面所传递出的
伤痕美水乳交融。

贝洛托是卡纳莱托的侄子，年轻的时候曾
跟随后者学习绘画。在贝洛托停留维也纳的两
年期间，维也纳皇室曾向他订制了 13 件景观图，
亦即所谓的"街景图"，而本图便是其中之一。
这幅画是从上美景宫取景的，这座赫赫有名的
宫殿同下美景宫一道，于 18 世纪前 20 年落成，
由哈布斯堡欧根亲王负责兴建。这幅画展现极
为精准的地貌美学，有人猜测画家使用了取景
仪器等设备记录了眼前的景观，这一方法也时
常为景观画家所使用，用以客观呈现相对写实
的景观。画家详尽地刻画了建筑、人物和反射
到地面上的阴影，左边是查理教堂，右边是慈幼会女子修道院，在这两座建筑之间矗立着圣斯蒂法诺
大教堂和钟楼，它们在夕阳的余晖中留下了迷人的剪影。

弗朗切斯科 · 瓜尔迪

《圣亚森特的奇迹》，1763

布面油画
122 cm×172 cm
1931 年购得

　　该画创作于 1763 年，是瓜尔迪为穆拉诺圣彼得教堂的圣多梅尼克礼拜堂绘制的。这幅画描绘的是圣亚森特的故事，在第聂伯河泛滥之际，圣亚森特奋勇营救一群从坍塌的桥上摔落下来的游方僧侣。

　　瓜尔迪从小在他哥哥安东尼奥的画室中长大，并在那里接受了初期的艺术熏陶。1761 年，也就是安东尼奥去世第二年，瓜尔迪已完全经济独立，他渐渐从一群威尼斯画家中显露出来，并获得了"名画家卡纳莱托的好学生"的美名。在这幅画中，瓜尔迪一反清晰的画风，用一种近乎印象派的笔锋打造画中的人物和风景。这幅画使人顿感游离于时间和空间之外，所有人物都在光与影的追逐下活动着身躯，神经质的笔触更是增添了画面的律动感。水天交融，使人看不到尽头。在这幅画中，我们隐约能够感受到启蒙艺术精准构图的危机已经到来，而非理性的画风似乎预示着浪漫主义画派的脚步正一步步逼近。

144

维也纳艺术史博物馆

地址：维也纳 A-1010 玛丽娅·特蕾莎广场
电话：+43 1 52 52 4-0
传真：+43 1 52 52 45 03

垂询方式

电话：+ 43 1 52 52 44 16
邮箱：info@khm.at
网址：www.khm.at

开放时间

周二至周日：10：00—18：00
周四闭门时间延长至 21：00（画廊）

闭馆日

周一要获取更多信息请垂询
+43 1 525 24 / 403，404，407，365

交通信息

地铁：搭乘从维也纳西站方向开来的 U3 线，在人民剧院站下
电轨车：搭乘从维也纳南站方向开来的 D 线，在戒指路或艺术史博物馆站下
其他线路：U2，U3，D，J，1，2，2A，57A

导览服务

个人参观导览无须预约，只需在玛丽娅·特蕾莎广场博物馆门口登记申请即可。英语讲解服务时间为周二 11：00 和周五、周六 15：00。

其他设施

语音导览／书店／咖啡馆／餐厅

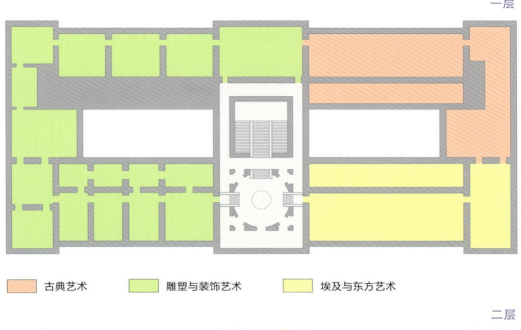

古典艺术	雕塑与装饰艺术	埃及与东方艺术

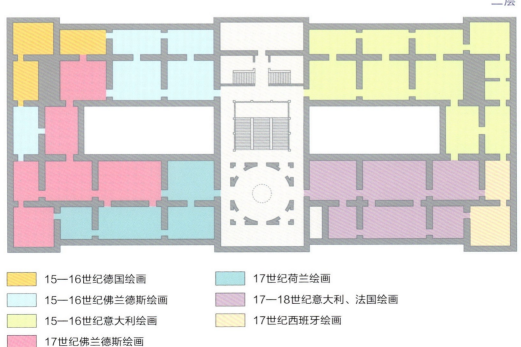

15—16世纪德国绘画	17世纪荷兰绘画	
15—16世纪佛兰德斯绘画	17—18世纪意大利、法国绘画	
15—16世纪意大利绘画	17世纪西班牙绘画	
17世纪佛兰德斯绘画		

艺术家和作品索引

图书在版编目（CIP）数据

维也纳艺术史博物馆 /（意）西尔维娅·波尔盖斯编
著；许丹丹译 . -- 合肥：安徽美术出版社，2024.8
（伟大的博物馆）
ISBN 978-7-5745-0459-2

Ⅰ . ①维 … Ⅱ . ①西 … ②许 … Ⅲ . ①艺术馆—介绍
—维也纳 Ⅳ . ① J152.14-28

中国国家版本馆 CIP 数据核字（2024）第 054218 号

维也纳艺术史博物馆
WEIYENA YISHUSHI BOWUGUAN

（意大利）西尔维娅·波尔盖斯 编著　许丹丹 译

出　版　人：王训海　　　　　选题策划：熊裕明
责任编辑：张楚瑶　　　　　　责任校对：唐业林
责任印制：欧阳卫东
出版发行：安徽美术出版社
地　　　址：合肥市翡翠路 1118 号出版传媒广场 14 层
邮　　编：230071
营　销　部：0551-63533604　　0551-63533607
印　　制：济南新先锋彩印有限公司
开　　本：710mm×1000mm　1/16
印　　张：10.25
版　　次：2024 年 8 月第 1 版
印　　次：2024 年 8 月第 1 次印刷
书　　号：ISBN 978-7-5745-0459-2
定　　价：100.00 元

如发现印装质量问题影响阅读，请与我社营销部联系调换

著作权合同登记号　图字：12242130 号